翰墨煙雲

关于金石书画及其他

陈麦青 著

Copyright © 2019 by SDX Joint Publishing Company.
All Rights Reserved.
本作品版权由生活·读书·新知三联书店所有。
未经许可,不得翻印。

图书在版编目(CIP)数据

翰墨烟云:关于金石书画及其他/陈麦青著. —北京:
生活·读书·新知三联书店,2019.4
ISBN 978-7-108-06323-6

Ⅰ.①翰… Ⅱ.①陈… Ⅲ.①碑帖-鉴赏-中国-古代
②碑帖-收藏-中国-古代 Ⅳ.① K877.424 ② G262.1

中国版本图书馆 CIP 数据核字(2018)第 101111 号

责任编辑	唐明星 曾 恺
装帧设计	刘 洋
责任校对	安进平
责任印制	宋 家
出版发行	生活·讀書·新知 三联书店
	(北京市东城区美术馆东街 22 号 100010)
网　　址	www.sdxjpc.com
经　　销	新华书店
印　　刷	北京图文天地制版印刷有限公司
版　　次	2019 年 4 月北京第 1 版
	2019 年 4 月北京第 1 次印刷
开　　本	635 毫米 × 965 毫米　1/16　印张 16
字　　数	160 千字　图 85 幅
印　　数	0,001-8,000 册
定　　价	58.00 元

(印装查询:01064002715;邮购查询:01084010542)

目录

序   I

细品"翰墨瑰宝" 漫赏碑帖珍本   001
碑帖：旧拓和新印之间   017
珍稀佳拓，见证流风雅韵
    ——上海图书公司所藏善本碑帖观后   027
海外寻珍说碑帖   038
"四欧"及"既丑且美"之外
    ——吴湖帆的昭陵碑拓鉴藏   054
斯人已矣   金石长存   071
碑帖鉴赏：今天和昨天   090
也说文人与拓工   107
开卷漫说全形拓   121
明嘉兴项氏所收《万岁通天帖》流散始末   138
唐杜牧《张好好诗》墨迹的近世命运   148
一代巨眼   木雁传真   159
细读"黄跋"见真赏   179
赵万里：一生为书   193
被劫文物追索之路的前辈足迹   207
杜伯秋其人其事
    ——兼说张弁群   232

序

江宏

20世纪80年代初，上海人民美术出版社约我撰写《方从义》一书。虽然方从义是元代山水画名家，但其一生浪迹江西东北部和武夷山区，因此存世资料并不多。那时还没有网络检索，根本不存在捷径，无奈之下，只有请麦青陪我去上海图书馆查找资料。一入古籍部，麦青犹如回到家中一般，不仅与研究人员及工作人员熟识，就连书籍分类的甲、乙、丙、丁，似乎也都在他脑子里。才几个小时，有关方从义的文献资料就全都入了我的笔记本，使我一下子对写《方从义》有了感觉。麦青却认为这还不够，因为方从义是道教中人，应该再翻阅一下有关元代道教方面的东西，果然又有所获。通过此事，我感受到麦青读书的功力，他不仅熟悉史料，懂得如何甄别运用，更有将个人史料和时代史料结合的眼光和意识。

这样的眼光和意识，无疑出自名师的严教和自身的刻苦。

麦青一向爱好文史，曾受教于名家吕贞白先生，后来又考入复旦大学蒋天枢先生门下，专攻中国古典文献学。而吕先生、蒋先生都是学术界有名的严师，麦青在这样的环境下，发奋苦读，乐在其中；日积月累，学问渐长。同时，他还在这个过程中明白了治学门径和方法的重要性：这是学术的武器，门径正确，方法独特，学术眼光也随之独到，就能敏锐地发现问题，深入地发掘问题。他的硕士学位论文《祝允明年谱》，洋洋十数万字，将有关祝允明的史料排铺得基本妥当，同时也把明代中叶吴门地区的文化脉络，梳理得井井有条。而在此之前，系统研究祝允明者，十分稀少，甚至可以说几乎没有，麦青便硬生生地开辟了祝允明研究这块学术领域中的"荒地"。于是，这本《年谱》不仅成为后来相关研究的必读参考之作，更让不少人从中受益。如《年谱》中经过认真排比、仔细考订，将祝氏晚年所作《怀知诗》的写作时间，最终考定在其去世前半年的范围内，即嘉靖五年(1526)六月至十二月之间。这一结论，竟成为鉴定包括上海博物馆在内的各大博物馆、美术馆所藏，以及历年拍卖市场所见多卷该诗存世墨迹真伪最有力的文献依据，至今仍被大家引用。

麦青于碑帖，起初纯粹是因为爱好，盎然的兴趣令他动用了研究的力量，而独到的眼光和深厚的学养，又使他在对实物和史料的探索中左右逢源，既能不断有所发现，道出前人未道的东西，又能据理深究，修正前人的讹误，将前人的误解或浅识变成他的深见。如一般讲吴湖帆的碑帖鉴藏，不外乎其所藏唐朝欧阳询《化度寺》《九成宫》《虞恭公》《皇甫君》四种宋拓的"四欧宝笈",或是隋代《常丑奴》《董美人》二件墓志的"既丑且美"。而麦青则注意到了吴湖帆对昭陵碑拓的喜好和重视,于是撰文,详细考述吴湖帆鉴藏昭陵碑拓的缘起和心得,通过揭示王同愈对吴湖帆鉴藏昭陵碑拓的启蒙和影响,以及王氏和吴家的交往,让人看到吴湖帆碑帖鉴藏的又一个学术传承;再通过考察吴氏对昭陵碑拓搜求和研究的具体过程,进一步说明其鉴赏旨趣和眼光是如何形成并提高的。而所有这些之前极少有人关注过的问题,经过麦青的梳理,不但很有意思,也许还更有其意义。

  在一些具体的细节问题上,麦青也往往有自己的思考和发现。上海图书馆所藏宋拓《九成宫》(龚心钊旧物),字口等处有骆驼毛、骆驼油脂、皮屑的残存,旧藏者龚心钊推测可能是此碑立在原址时,出没当地的骆驼蹭碑挠痒所致。但麦青总觉得这种说法比较牵强,直到在文献中读到明人邢子愿关于"唐宋拓帖,多用北墨北纸,微以骆驼油少泽之"的记载,才认为以此解释拓本中有骆驼毛、油脂、皮屑的残存,应该更合情理。他还通过自己的校读,让我们得知国家图书馆珍藏的元明间所拓唐褚遂良《伊阙佛龛碑》何氏清森阁本,虽是此碑现存最早的拓本,却有失去整整一面共计十八字的残缺。类似这样的"发现",大概也正是他平时喜欢读碑校碑的乐趣所在吧。

  历来的收藏家,往往会将珍藏比作烟云。烟云代表着流动,流动是藏品的绪迹，也是藏品研究中的一个重要部分。了解藏品，必须要了解其流转过程，进而了解藏家，更要在此基础上领略时代的变迁、历史的沧桑。麦青有独到的学术眼光，又有扎实的文献功力，因此也每每有新见、深见。他对《万岁通天帖》在嘉兴项氏家族中近百年递藏曲折的考索，就是其中一例。其实，麦青对项氏的研究浸淫已久，二十年前写成的《关于项元汴之家世及其他》一文，就被后来的研究者称作"是同类研究中最具影响的文字，也是近二十年来项元汴研究最重要的基础性成果之一"。而他再次从文献中发掘鲜为人知的史料，钩稽、考索《万岁通天帖》在项氏家族中的流散始末，不仅仅是继续为相关研究填补空白，更是要通过这一个案，凸显项氏藏品传承流转中许多真实的细节和复杂的隐情，进而说明前人所记项氏累世之藏在明、清易代之际"尽为千夫长汪六水所掠，荡然无遗"云云，只是一种不尽确切的泛泛概说。同样，围绕唐代杜牧《张好好诗》墨迹在近世的流离辗转，他又从那些亲历其间的当事人、见证者的各种记述中，清理事实，还原细节，并以此折射出时代风云的变幻、人物命运的悲欢。

总之，《翰墨烟云》中的文章不仅言之有物，出之有处，考之有据，更让人读之有味，知之有识，思之有理。麦青嘱我写序，怕不能当，却又义不容辞，便贸然答应了。好在麦青对自己的这本书，有这样的说法：

所有这些堪称翰墨瑰宝的书画碑帖，固然是"烟云供养"之珍，但也是"过眼烟云"之物；而那些收藏、赏玩过程中的人和事，更可谓既得"烟云供养"之乐，又多"过眼烟云"之叹；即便是如今梳理、叙说与之相关的种种，又何尝不是暂且"供养"自己的兴趣爱好、而终将成为世人的"过眼烟云"呢？

于是就写下这些，不知是否也有幸能算作"烟云"，让人"过眼"？

2018 年 5 月
于沪上恢恢堂

细品"翰墨瑰宝"漫赏碑帖珍本

上海图书馆所藏历代碑帖，因得久远深厚之传承积累，加之几代人坚持不懈的搜求发现，其质量之精，堪称举世闻名。惜由于各种因素，除有限的公开展览或少数的零星复制之外，许多珍稀名品，若非特殊之需并经特别手续，一般人甚至是有近水楼台之便的本馆人员，平时皆难获一睹，更遑论上手细品。因忆三十多年之前，于此兴趣正浓的笔者，恰逢几可谓百年难遇的特定机缘，不仅有幸多见原本原件，且展阅之间，常聆馆内老辈专家当场指点评说，至今铭心。而自2006年起，上海古籍出版社得上海图书馆支持并合作，陆续刊行"翰墨瑰宝——上海图书馆藏珍本碑帖丛刊"（以下简称"翰墨瑰宝"）一至三辑，以最新尖端的影印技术和几可乱真的复制手段，精选二十种皆为镇馆之宝的孤本善拓，原色原貌，化身千百，不仅将古人一向艳称的"下真迹一等"之玩赏缘福，名副其实地让今日研究鉴赏各家尽情分享，也使我能有机会重对佳本，再续前缘；并就其中旧识新知，略说一二。

一 《史晨碑》

全碑分为前碑（碑阳）《史晨奏铭》（以下简称《奏铭》）和后碑（碑阴）《史晨飨孔庙碑》，合称《史晨前后碑》。这是与《礼器》《张迁》《曹全》诸碑并列为四大汉碑的汉隶名作，也是中国书法史上影响深远的传统经典。明代金石学家郭宗昌赞其"分法复尔雅超逸，可为百代楷模，亦非后世可及"。清初著名鉴赏家孙承泽，更在《庚子销夏记》中直接援引此说，评其为"汉石之最佳者也"。启功先生《论书绝句》（生活·读书·新知三联书店1997年版）中则谓："汉隶风格，如万花飞舞，绚丽难名。核其大端，窃以《礼器》《史晨》为大宗。""汉隶之传世者多矣……以书艺言，仍宜就碑版求之。盖树石表功，意在寿世；选工抡材，必择其善者。碑刻之中，摩崖常为地势及石质所限，纵有佳书，每乏精刻，如《褒斜》诸石是也。磐石如砥，厝刃如丝，字迹精能，珍护不替，莫如孔林碑石。"《史晨碑》正是这类石材质地精良、书写刻工考究的名碑巨制。而汪庆正先生又在《东汉石刻文字综述（上）》（原刊《上海博物馆馆刊》第一期，后收入氏著《中国陶瓷钱币碑帖研究》，上海古籍出版社2006年版）一文中，拈出其文献价值：

至于《史晨后碑》所载："史君念孔渎颜母井去市辽远，百姓酤买，不能得香酒美肉。于昌平亭下立会市，因彼左右，咸所愿乐。"这段文字，是有关东汉市井制度的重要资料。

此碑自明及清，直至近世，传拓颇夥。但明拓早本，多仅见前碑《奏铭》。现存最早的，当是传为清代著名书家何绍基旧物的中国国家博物馆（原中国历史博物馆）所藏"阐字本"，为明初所拓每行三十六字本，惜仅残存《奏铭》前半部共九行。而分藏于故宫博物院的龚心钊题签、徐郙题跋本和上海图书馆的孙氏小墨妙亭本，皆属明代中叶前传拓的"穀字本"，则是现存明拓《奏铭》最全本中的最早、最善之本。今"翰墨瑰宝"据以精印的，正是后者。碑帖鉴定名家王壮弘先生早在其1959年3月26日的鉴碑笔记中，就这样评价："孙氏小墨妙亭藏王山史、郭胤伯旧藏本，孙氏题为宋拓……字迹凝厚，墨色浑古，为汉碑最古拓本。展玩再三，赞叹不已。况从首至尾，无涂描配补之弊……余见明拓《史晨》不下廿余本，以此为观止，自幸眼福不浅。"（《崇善楼笔记》，上海书店出版社2008年版）日后，又于其《增补校碑随笔》（上海书画出版社1981版）中再次述及："此碑旧拓屡见，所见明初至乾隆以前拓者，不下百余本，而《奏铭》'穀'字中横波笔未损者，仅孙氏小墨妙亭一本最为完全。郭胤伯题签，墨色黝古浓重，纸质也较粗厚，乃明中叶前拓本也。"至此本后原跋所称"宋拓"云云，则仲威先生在"翰墨瑰宝"影印

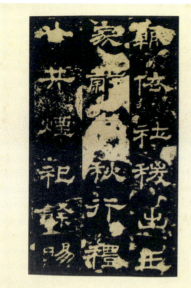

孙氏小墨妙亭本明拓《史晨前碑》

本"导言"中,已明确指出:"以碑名入赵明诚《金石录》,则判定当时必有宋拓。然楮墨之古,名家印章,皆非宋本要件。汉碑不必言宋拓,明拓亦已罕见。"此说应具识见心得。昔尝闻潘景郑先生于展阅馆藏汉碑善本之时,谓世传汉碑诸本中号宋拓者,其实多为明初精拓。而吴湖帆先生跋汉《景君铭》,亦曰"汉碑世无宋拓,其号称宋本者,皆明拓之古者而已",又于其所藏宋拓《昭仁寺碑》后题记中,更述原委:宋代因"盛行集帖,不尚碑刻,凡世传宋拓古帖,不论整残,所见犹夥;至于碑碣,凡初唐诸刻,宋拓尚可见,汉魏则绝无也,盖亦风尚使然"。语虽稍显绝对,但还真有其道理。

王氏《增补校碑随笔》中,除多记此碑历代拓本考据特征之外，复列包括艺苑真赏社、文物出版社、商务印书馆、文明书局、有正书局，乃至日本二玄社等在内的各家影印本七类九种，且各详其所据之底本，因知就其所举影印众本之底本而言，已皆不及"翰墨瑰宝"所收，况囿于时代技术等客观条件，又有黑白、原色之别。值得一说的是，虽早在20世纪初，著名学者叶昌炽就在其碑刻研究名作《语石》中称赏碑帖影印："惟近时欧洲电光摄影之法，可大可小，虽剥泐皴染笔墨所不到之处，亦无不传神阿堵。此为古人续命第一妙方，垂烬之镫，火传不绝，真翰墨林中无量功德也。"然有意识地在研究碑帖拓本的同时，全面关注影印各本，强调"自清末民初以来，出版影印本众多，其中良莠相杂、真赝难甄；不加评述，无以抉择"，从而把系统排比影印之本并明其各自底本高下优劣以助考校，列为碑帖著录中一项新的重要体例，则王氏《增补校碑随笔》，恐当为首创。

又罗振玉《雪堂所藏金石文字簿录》中，著录《史晨碑》拓本多种，其中有沈均初旧藏《奏铭》残本："前半自首行至第六行'玄立制命'之'立'字止，均已佚。其存者自'制命'起，每行仅拓三十二字，复多蠹蚀，毡墨至精，明拓本之较先者。"王壮弘先生亦指其为"与孙本同时所拓"。罗氏还通过比勘众本，将此碑明拓、明末拓、乾隆拓，直至嘉道拓、近世拓各本之主要考据，详列专表，不仅可见其于此碑之重视程度，更对后来研究有利用参考之便。

二 《许真人井铭》

此为大名鼎鼎的传世孤本,当年连富藏金石、惯见善拓的一代巨眼吴湖帆先生获藏之后,也格外青睐、喜形于笔下:"吾家所贮唐宋诸碑帖,以此真宋初拓为最古。所见唐拓诸本,亦不可信,皆无此古也。"遂奉为"天下第一北宋拓北宋装,四欧堂墨宝之一"。作者徐铉,系由南唐入宋的篆书大家,与其弟徐锴,并号"大小二徐"。陶宗仪《书史会要》称其:"留心隶书,尤善篆与八分,识者谓自李阳冰之后续篆法者,惟铉而已。人跋其书,以谓笔实而字画劲,亦似其文章。至于篆籀,气质高古,几与阳冰并驰争先。又谓铉书映日视之,中心有一缕浓墨,至屈折处亦然,乃笔锋直下不倒侧故耳。"王壮弘先生曾评原石早佚的秦《峄山刻石》徐铉摹本,则谓:"现所见最早刻本,是北宋淳化四年八月,郑文宝以南唐徐铉摹本(摹可作摹拓、临摹二解。以此刻与李斯诸刻及徐铉《许真人镜铭》对勘,则当为徐铉临写之本)重刻于长安者,原石现存陕西省博物馆碑林内。书法与《泰山刻石》《琅琊台刻石》相比,觉得框廓纤弱,似乎更接近唐代李阳冰。"因知徐氏之书,能承唐法且比肩大家,自具功力而独步当时。再观《许真人井铭》之凝重遒劲,似更胜《峄山刻石》摹本,况又为徐铉现存篆书中唯一宋拓宋装的传本,则其珍稀难得,可以想见。

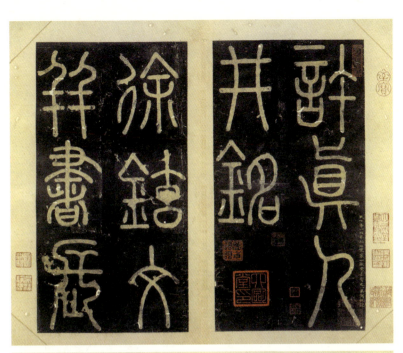

上图：宋拓孤本《许真人井铭》

下图：《许真人井铭》赵之谦题端

篆书之外，徐铉另有行书手札墨迹一通，著录于《石渠宝笈》初编，今在台北故宫博物院。张葱玉先生曾评其"笔势沉着，犹是唐人矩矱"（《木雁斋书画鉴赏笔记》，文物出版社2000年版），徐邦达先生亦谓其"书法厚润浑穆，李建中与之近似，可见一时风气"（《古书画过眼要录：晋、隋、唐、五代、宋书法》，湖南美术出版社1987版）。而启功先生于《论书绝句》中所咏"行押徐铉体绝工，江南书格继唐风"二句之下，更以注文详论之：

> 徐铉书，世传多篆字，如所摹《绎山碑》《碣石颂》，其荦荦者。栖霞有其兄弟题名，亦篆书，但作"徐铉徐锴"四字。近世出土《温仁朗墓志》为大徐篆盖，新发于铏，最见真貌，然非真行墨迹。譬之峨冠朝服相见于庙堂之上，不如轻裘缓带促膝于几榻之间，为能性情相见也。
>
> 大徐简札墨迹，数百年所传，惟《贵藩》一帖。其帖曾入《石渠宝笈》，而《三希堂》《墨妙轩》俱未摹勒，不知其故。今屡见影本，笔致犹是唐人格调，札尾具名处作一花押。不见此札，不知大徐墨迹之真面目，亦不知唐代书风，与时递嬗，至宋而变，其变如何也。

郑重先生《海上收藏世家》（上海书店出版社2003版）写吴湖帆的一篇中，记《许真人井铭》最后由吴氏让归当时上海市文管会的逸事，则又为有关此帖的掌故趣闻，因移录附此：

　　《许真人井铭》为宋拓传世孤本，徐森玉欲将此帖购进博物馆，便叫秘书汪庆正去动脑筋完成此事。汪去了，吴说不缺钱，不愿出让。汪还是出入吴家。吴爱好围棋，汪常常陪他下棋。他有时让汪五子，汪还是以输而终局。如此往返经年，吴就是不把此帖拿出来。有一天，吴突然到天平路文管会找汪庆正："小汪，你在十二点之前，给我筹划人民币八百元，这部帖就给你。但过了十二点，就不要来了。"十二点之前，汪把钱送到吴家，遂将此帖携回。

三 《鲜于光祖墓志》

　　赵孟頫和鲜于枢，无疑是元代最杰出的书法家中的两位。而赵氏三十四岁所书鲜于枢之父《鲜于府君（光祖）墓志》，不仅为其早年书法，尤其是小楷碑版的典型力作，更是研究鲜于枢家世生平，乃至赵氏与鲜于枢交谊的重要文献。此志现仅知有二件原拓存世：北京大学藏本拓虽较早，惜有残缺；故上海图书馆所藏，遂成唯一全本。"翰墨瑰宝"于元代碑拓中独选此件，可见主事者眼光独到，出手不凡。

　　正如近世学者柯昌泗先生在《语石异同评》（《语石·语石异同评》，中华书局1994版）中指出的那样，"宋元碑于文史之用最钜",由元代著名文人周砥撰文的《鲜于府君（光祖）墓志》，因记鲜于枢家族世系及其曾祖、祖父事略，更详鲜于枢之父鲜于光祖生平行迹，而极为有关研究者所注目，屡加引述。更重要的是，该志后盛彪题记中，有"太常公既志鲜于府君之墓，未及卜兆而公卒。后十七年，当大德戊戌，府君之嗣枢，始得吉于钱塘县西次孤山之原……其嗣枢年五十有三"诸语，由此，最终推定鲜于枢的确切生年为南宋淳祐六年（1246），从而解决了鲜于枢研究中一个重要的基础问题。

赵孟𫖯年轻时与鲜于枢初识之下，即一见倾心，结下友谊，并至终身。赵氏《松雪斋文集》中多有关涉两人交往之篇什，其中《哀鲜于伯几》长诗所述，似最详备：

> 生别有再逢，死别终古隔。君死已五年，追痛犹一日。我生大江南，君长淮水北。忆昨闻令名，官舍始相识。我方二十余，君发黑如漆。契合无间言，一见同宿昔。春游每挐舟，夜坐常促席……奇文既同赏，疑义或共析……刻意学古书，池水欲尽黑。书记往来间，彼此各有得。我时学钟法，写君先墓石。江南君所乐，地气苦下湿。安知从事衫，竟卒奉常职。至今屏障间，不忍睹遗墨。凄凉方井路，松竹荫真宅。乾坤清气少，人物世罕觏。绯袍俨画像，对之泪沾臆。宇宙一何悠，悲酸岂终极。

因此，鲜于枢以父亲墓铭书丹这样的要事，郑重请托，绝非仅仅因为赵氏擅书；而赵孟頫时虽年轻，却以精楷小字尽心报命，也正缘于非同寻常的情谊。故王澍（良常）在跋语中称其"文外有笔，字中有韵，为吴兴楷书之冠"，洵为真赏知音。而赵氏一生中，除为鲜于枢父亲书写墓志之外，后又曾为元代书法史上与鲜于枢齐名的另一书家康里巎巎之父撰写神道碑铭，亦可谓难得佳话。

赵氏三十六岁（1289）所书姜夔《兰亭考》卷后自题中，已有"予自少小，爱作小字；迩来宦游，无复有意兹事"之语，知其早在少年时代，就喜欢写小楷，则其所用之功，当尤勤且深。五十六岁（1309）时重题此卷，又忆及二十年前其"为郎兵曹"，即任《鲜于府君（光祖）墓志》前题衔之"奉训大夫兵部郎中"时作书的用功趣向："余往时作小楷，规模钟元常、萧子云。"今观其三十四岁（1287）所跋《真书孝女曹娥诔辞》、传王羲之《大道帖》，以及三十六岁题钱选《八花图》卷，乃至三十八岁（1291）所书小楷《过秦论》诸迹，皆楚楚有致,古趣盎然。而作为"我时学钟法,写君先墓石"的《鲜于府君（光祖）墓志》，则小楷规整，气息典雅，多有魏晋遗韵,也正是其当时浸淫传统的用心之作。虽然这类书迹与其中、晚年风格成熟后的典型"赵字"相比，尚未完全形成所谓自家面目，但却自然清新，生机时见。正如董其昌跋赵书《过秦论》时指出的那样："吴兴此书，学《黄庭内景经》，时年三十八岁，最为善者机也。成名以后，颓然自放，亦小有习气。于是赝书乱之，钝滞吴兴不少矣。"而据与赵氏同时代的袁桷所记"承旨公作小楷，着纸如飞，每谓欧、褚而下不足论"，则更可见赵氏的功力和自信。故当年鲜于枢就已一言论定："子昂篆、正、行、颠草，俱为当代第一；小楷又为子昂诸书第一。"

现存《鲜于府君（光祖）墓志》原拓二本中，上海图书馆本曾为清代著名碑版收藏家陆恭松下清斋旧物，故陆氏婿潘世璜之子遵祁所录《须静斋云烟过眼录》中有记："松雪《鲜于府君墓志》，小楷书石刻，后有王良常跋。"后归金石鉴藏大家沈韵初。值得注意的是，叶昌炽《语石》中又记："元石至精之品有两本：一为宋仲温《七姬权厝志》，一为赵承旨《鲜于府君志》，皆希世珍也……《鲜于志》旧为沈韵初孝廉所藏，其子筱韵来修士相见礼，以此为贽，遂归余五百经幢馆。"北京大学本虽自"适李择善铭曰"至"又命其友余"共六面约三百三十字不知何时缺失，由清代沈梧抄补，然因椎拓较早，故义字泐损仍有少于上海图书馆藏本者。其中最重要的是：上海图书馆本第五开中"君讳光祖，字子初"之"祖"字已泐，而北京大学本（第八开）则完好；上海图书馆本第八开中"拂衣而去"之"去"字剪失，"次淮安，卒于舟中"一句中，"淮"字和"于"字之间已成石花，且仅占一字之位，则"安""卒"二字必失其一，而北京大学本（第十二开）"去"字未失，"安""卒"二字全，且不损。此外，上海图书馆本第四开（北京大学本第五、第六开）中"高祖为始金初"之"为"

左图：元赵孟頫书《鲜于府君墓志》（上海图书馆本）
右图：元赵孟頫书《鲜于府君墓志》（北京大学本）

字、"门人多第而己独不第"之"独"字，第六开（北京大学本第八开）中"尽刮去险纵之习"之"尽"字，以及第九开（北京大学本第十三开）中"与宋张忠定公"之"定"字等皆漫漶，而北京大学本均存。除此之外，北大本可宝之处，还由册尾旧藏者之一的唐翰题诸跋及所引相关文献中，知此志原石曾"在保定一士人家"，而唐氏于同治五年丙寅（1866）从沈琴斋处获此不全之拓后四年，又"得见全文拓本于湖州钮君兰畹所"，"以索值过昂置之，后为川沙沈韵初中翰购去。

每一展读，怆然久之"。再据唐跋记其所见全文拓本中"君讳光祖"之"祖"字已漫漶等特征，则应当即为今上海图书馆藏本。凡此种种，似皆可备一闻，且能证吴湖帆先生跋其自藏《金拓蜀先主庙碑足本》中所记："唐鹪安与先外祖沈公韵初为金石至交，故咸、同间凡古碑旧拓，大江以南，不归沈氏，即入唐氏。余所收数十种中，两家曾经收贮者，殆过半矣。"又近世收罗金石碑拓极富的著名学者罗振玉，曾列此《鲜于光祖墓志》于其《墓志征存目录》之中，以备访求。今由北京大学本中"上虞罗氏""叔言集古"二印，知其最终亦得遂愿入手。

附：《司马昞妻孟敬训墓志》

此志一名《司马景和妻孟氏墓志》，清乾隆年间出土，与同时所出《司马绍墓志》《司马景和墓志》及《司马昇墓志》，皆为书法精美、善拓难觅的佳刻名品，人称"四司马"。"翰墨瑰宝"所印上海图书馆藏本，不仅是《金石萃编》作者王兰泉题跋之初拓，且为民国年间文明书局影印底本，故其属珍稀，已毋庸赘言。而朱翼盫先生《欧斋石墨题跋》（紫禁城出版社2006版）中，记此四志出土最初之流转存佚，颇详细节，因稍节录，聊供谈资：

> 方其初出土时，县学生张大士购得其三，即《景和》《孟

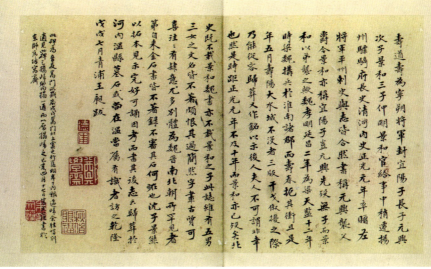

王昶跋沈景熊藏北魏《司马昞妻孟敬训墓志》初拓本

氏》《进宗》三石也。《元兴》一石为一韩姓者买得,以赠河内刘姓,复自刘姓转入孙姓。孟人欲购不得,仅宛转拓得纸本,是此石存佚已不可知。《景和》一石即在张大士所,时有以闻于邑令周洵者,取至署中。令去任时携去,后亦不知所终。

又启功先生《坚净居金石书画题跋》(收入《启功丛稿》,中华书局1981年版)中,有《初拓司马景和妻孟氏墓志跋(一九七七年初)》,称见更善之本,故并录其文,期助探讨:

北朝书结字密而点画疏,后人每于乱头粗服中窥其消息,《石门铭》《孟氏志》其较著者也。此本捶拓既早,铺墨尤精，宜乎雪堂翁之著于簿录。世行影本，若王兰泉跋本、冯鱼山淡墨本，皆不及此。今归砚寿轩秘箧，足压邺侯三万签矣。此志石与《隋元公姬氏志》火后碎石，同在燕市人家，容光憔悴，等诸马骨，昔尝寓目，弥觉此初拓精本之堪珍重。

碑帖：旧拓和新印之间

在电脑普及到贩夫走卒、互联网覆盖至全球角落的今天，作为汉字文化圈内传统的历代碑帖印本，无疑已算得上绝对的"小众"。当然，比照那些把碑帖作为专门学问研究资料和精雅艺术鉴赏珍本的"高端需求"，仅就其用作一般书艺爱好者们平时临习练字的范本而言，则似乎仍可谓相对的"大众"。而如何最大限度地协调、兼顾并尽量同时满足这"小众"与"大众"，便成了有关出版者理想中的努力目标。于是，继上海古籍出版社"翰墨瑰宝——上海图书馆藏珍本碑帖丛刊"陆续问世并渐获好评之后，上海书画出版社也开始推出"中国碑帖名品"系列（以下简称"名品"），从甲骨金文、简牍石鼓、秦篆汉隶、"二王"传本、六朝墓志、隋唐碑版，一直到宋元明清的名家墨迹，洋洋百种。虽定位普及，仍注重品质。原色精印之外，并附释文注解、历代集评，皆便参考。尤其是其中的碑刻拓本，更充分利用各项资源优势，尽量从原件摄取底本，用心经营，力求出新，似多有值得关注者。今稍择其要，试为略说。

"名品"所收碑版各本之前，均配印相关整张全拓，甚至还广搜原刻碑额及碑阴、碑侧文字，一一随附。此举甚善，颇有意义。就整张而论，虽然20世纪90年代日本二玄社"原色法帖"系列中的《善才寺碑》《李广业碑》等，已间附"复元整本"，但每本之前都有整张全拓，恐当为"名品"的"亮点"之一。此不仅让人在一定程度上乐享一册在手、基本都有之便利，更给有特别需要的有关研究者，增添了比较重要的基本功用。

碑帖裱本，虽便庋藏携转，然原刻全貌，无从得见；甚至还有剪失错乱、涂描补苴之弊，夹杂其中。整纸全拓则不仅能存原石原貌，以见通篇气势，且可考尺寸行款，并验泐损详状。正如清代叶昌炽在其金石碑版学名著《语石》中所说："占人得佳碑，喜整装，既免脱落，且不失原碑尺寸，诚为善法。"而剪裱装册，则"凡碑文左行者，粗工不省，往往仍从右起，行字颠倒，不复成文。《醴泉》《皇甫》诸碑，尚有旧本可为依据，稀见之碑，分条割字，偶失原序，前后即致舛午。剥泐之处，或仅存半字，或微露残笔，辄割弃如敝屣。分书行草，波磔飞动，或致跳行，或越方格之外，亦多割损，如伐远扬"。但是，整张也有麻烦："非铺案挂壁，无从展阅。"施蛰存先生就曾在《〈水经注碑录〉序并后记》（收入氏著《北山谈艺录》，文汇出版社1999年版）中谓："所居北山楼，一小阁耳。四壁皆为书椟器具所障，无可以悬碑者，而余所聚皆整纸全拓，非几案间可展玩。则陈之卧榻上，伛偻审读之。虽疲累，有足乐者。"因此，叶昌炽的理想境界是："余谓收藏碑版，须有两本：以正本整装，留原石制度；以副本剪裱，明窗静几，取便摩挲。"郑逸梅先生也在其《艺林散叶续编》（中华书局1987年版）中记："伊墨卿教人学汉碑，须备两本：一大轴，悬壁而视；一裱册，据案而仿。"可见无论是考究赏玩，还是临习摹写，最好都有两本。"名品"于此，能知兼顾。惜囿于开本，只得缩印，遂仅存整拓模样，而原石尺寸及全拓气韵，已无从获见。其实，除去那些丰碑巨制，像墓志之类本身尺寸就相对较小者，似可考虑依原拓原大，单张专印。而折叠后装入专门封套，或仍可随本附行。这方面的例子，前有20世纪八九十年代上海书画出版社先后印行的戚叔玉先生所编《北魏墓志百种》，许宝驯先生所编《隋唐墓志百种》；后有近年重庆出版社"张祖翼经典藏拓系列"中"魏碑（一）"二十一种，"唐碑（一）"十六种，其形式效果，皆妥善可观。如果这样，则"名品"中那件陈景陶旧藏的隋刻名品《董美人墓志》整张，其以淡墨蝉翼精拓而成的"海内第一初拓"神韵，也许能在原大精印之下，尽显风采。

"名品"附印之中，又有本身亦属稀见难得者。如东汉《张迁碑》前那幅上海图书馆所藏的清初旧拓，大概便是此碑现存整张中最早的拓本之一，弥足珍贵。又隋碑名品《龙藏寺

东汉《张迁碑》清初拓整张

碑》，其碑阳正文，虽然上海图书馆珍藏的明初所拓"张公礼未损本"是迄今所见的最善之本，并屡经影印，但"名品"中黄小松旧藏的明末清初之拓，不仅淡墨精工，别见风神，更有当年同时所拓而民国间文明书局影印时却未印全的碑额、碑阴文字，再加上此次又专门配补的伏庐旧藏清中叶精拓碑阴之额及碑侧文字等，几欲成此碑"全璧"，绝对值得和"张公礼本"兼收并蓄。

金石碑版研究的重要基础工作之一，便是校碑；而校碑必不可少的先决条件，则是广蓄众本，尤其是那些初拓、精拓的善本。然善本珍稀，藏家宝重。平日有幸一睹，已是难得缘福，更遑论据案详阅，从容细校。而自有影印，昔日秘本，皆可化身千百。只是主事者目光所在，好像多为相对"大众"的临习之需，于是往往讲究各家各派的系统完备，顾全名作名品的面面俱到，甚至为求"便捷高效"，简单翻印许多已经屡见不鲜的相同旧本，而极少有意识地关注并发掘同一书家同一作品的不同拓本，以供日趋"小众"的研究者们考校论列。"名品"虽然因其编例，仍以全面观照书史、力求系统完备为目标，所选书家及其作品，基本上还是大同小异地延续一般常见的耳熟能详者，但在具体的底本选择上，则已经尝试在实际可行的条件范围内，善用各种资源，不仅用心调研、积极开发那些鲜为人知或知而未印的新见善本，而且还眼光独到地推出一些虽非最善但确具价值特色的未印之本，得与已印诸本，互补参照，为更加深入推进有关研究，再添资粮。

如"名品"所收《怀仁集王羲之书圣教序》，是首度印行的上海朵云轩藏北宋拓本，第六行"纷纠何以"之"以"字右半部起笔处，似尚未完全泐粗，第十五行"故知圣慈所被"之"慈"字完好，第二十一行"久植胜缘"之"缘"字左下，不连石花。而有关此碑北宋诸拓，著名碑帖鉴定专家王壮弘先生在其《崇善楼笔记》中有专门梳理：

> 所见北宋本，以在上海张家花园收得之明张应召旧藏本，及北京沈乙盦跋本为最。文内六行"纷纠何以"之"纷"字"分"部首笔可见，"以"字右笔首未泐粗。碑裂纹仅及"文林郎"之"林"字，"尚书高阳县"之"书"字无裂纹。此二本今皆藏中国历史博物馆。次则张则之藏王梦楼补阙本，"纷"字"分"部首笔虽不可见，然"以"字右笔起笔处尚未泐粗。上海博物馆藏周文清本，天津市艺术博物馆藏墨皇本，上海图书馆藏翁方纲跋本，陕西博物馆藏本，等等，皆甚精旧，而"纷""以"二字已损，"书"字间已见细裂纹。

并记墨皇本有有正书局、文明书局、艺苑真赏社珂罗版各本，及中华书局石印本等。陕西省博物馆所藏明代库装本，则有文物出版社珂罗版、凹印本二种，以及陕西人民出版社胶印本。而上海图书馆藏翁方纲跋本，除王氏所记上海古籍书店胶印之

唐欧阳询书《九成宫醴泉铭》(玉山草堂本)

外,近日又有上海古籍出版社"翰墨瑰宝"第二辑的原色精印。至于现藏上海博物馆的"周文清本",虽然民国间已经有正书局珂罗版影印,题为《周文清藏北宋未断本〈圣教序〉》,但王壮弘先生评其为底本"甚精",而"因制版印刷皆不精,故与原本大相径庭",实属遗憾。倘有机缘,得良工精制重印,再现其真正风采,则幸何如之。其实,除此本之外,上海博物馆所藏碑帖中,另有沈韵初、顾氏过云楼递藏的东汉《曹全碑》"因字未损本";吴湖帆旧藏南朝梁《永阳王萧敷墓志》并《敬太妃王氏墓志》合帙孤本,金冬心旧藏隋《常丑奴墓志》,由原"司空公本"第六、七、八卷及吴荣光旧藏本卷四合成的《淳化阁帖》存世最善本,明潘祖纯跋宋刻宋拓《淳化阁帖》全十卷本,宋拓《兰亭续帖》残本,明檇李项氏旧藏《晋书楼帖》,以及"名品"中《张旭古诗四帖》后所附明代王世贞旧藏《郎官石柱记》旧拓孤本等,无一不为传世碑刻名拓中的翘楚。

再如久负盛誉的唐欧阳询楷书《九成宫醴泉铭》,除文物出版社所印故宫博物院藏"明驸马李祺本",是公认的宋拓最善本之外,同在故宫博物院的朱翼盦旧藏本,以及日本二玄社"原色法帖"所印"李鸿裔本",上海古籍出版社"四欧宝笈"原色精印的吴氏"四欧堂本"等,皆为此碑宋拓中脍炙人口的传世名本。而"名品"所印王壮弘先生20世纪60年代发现的"玉山草堂本",拓虽稍晚,且偶有文字剪失,但"墨色沉黟,白皮纸,纸多麻质,古意盎然。全拓点画铓铩毕见,精气内含,不可逼视,一望而知为唐刻宋拓佳本"。加上基本未经填墨涂描,又是首次公之于世,则可能更别具进一步研究之空间与价值。

不久前,为考究上海图书公司所藏宋拓汉《嵩山太室石阙铭》,曾往上海图书馆细阅相关善本碑拓,便中得见该馆1961年以人民币五千多元的"天价",从北京庆云堂张彦生先生处购入的龚心钊旧藏《九成宫醴泉铭》,宋拓宋装,气息纯正。友人仲威先生在《善本碑帖过眼录》(文物出版社2013年版)中记曰:"此本考据点与吴湖帆四欧堂藏本(今藏上海图书馆)基本相同。然四欧堂本个别文字略有涂描,此本无

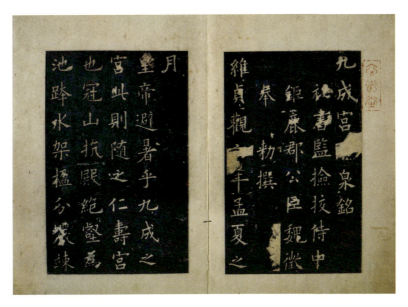

龚心钊旧藏宋拓《九成宫醴泉铭》

丝毫修饰;四欧堂本装裱字口撑大,此本装裱一流,字口中可见皱褶,字口外服帖平整,保持了宋拓碑刻原始面貌。"而册中诸家题识,亦多精彩,尤其是龚心钊历年各题及裱边上的小字校记等,依次读来,意趣时见。至仲威先生书中特别揭出的有关"龚氏校记中涉及此册宋拓本字口中有骆驼毛、骆驼油脂皮屑等残余,说明宋代九成宫碑原址麟游天台山一带,曾经饲养过骆驼。此类校记,可作为宋拓《九成宫》碑之版本掌故"之种种,也承其当场检示,一一寻看。见识之下,印象颇深。凑巧的是此后不久,竟又于邓之诚先生《骨董琐记》(北京出版社 1996 年版)卷五"南北拓"条下读到:"邢子愿云:'唐宋拓帖,多用北墨北纸,微以骆驼油少泽之,其光可鉴,而无卵清胶黏气。'则北拓亦用油也。"此与龚氏之说,当可并存,让有兴趣者进一步研究,因附此备闻。

此外,"名品"中的东汉《张迁碑》"焕字不损本",乃经张廷济、吴湖帆鉴赏的明末清初旧拓,且有同时所拓碑额及碑阴,应仅次于号称此碑最善之拓的故宫博物院朱翼盦旧藏"东里润色本"。而赵烈文天放楼旧藏三国吴《天发神谶碑》,则为明代中期所拓,除曾经有正书局影印、现亦在故宫博物院的罗振玉旧藏本之外,恐怕也已少有可比者。又唐褚遂良书《伊阙佛龛碑》存世善拓诸本中,当以国家图书馆所藏明何氏"清森阁本"为第一,稍逊而居第二者或即此次"名品"首印的清初金石学名家叶奕苞旧藏之明拓。而此类精善之本,又多为上海图书馆馆藏中历经各家著录、流传有绪的珍稀之品,也是前揭《善本碑帖过眼录》中如数家珍的铭心之物,则"名品"中碑拓诸本之底本选目、质量水准等,应得有关专家倾多年研究心力,为之谋划把关,似亦能由此想见。

珍稀佳拓,见证流风雅韵

——上海图书公司所藏善本碑帖观后

成立六十周年的上海图书公司,不久前刚刚举办了一场以鉴赏碑帖、研讨金石为主题的"金石苑·海上雅集",并获得了学界以及同好们的关注和参与。其实,就基础和传统而言,这也许正是其应有的亮点之一。

20世纪50年代,作为上海图书公司前身的上海图书发行公司,其下属古籍书店有专营书画碑帖之部,原沪上三马路(汉口路)墨林碑帖店主人尤士铮先生,以及后来从其问业、渐成碑帖鉴定名家的王壮弘先生,皆供职其中。直到五十余年之后的2008年,王壮弘先生在其碑帖研究著作汇编"崇善楼书系"出版之际,犹记当年情形:

此时(一九五六年至一九六零年)我正在上海古籍书

店负责征集碑帖书画及历代文翰史料。我将自己仅有的工资及所有的时间,都集中用来记录、摄影、分析、研究。我从家里搬到河南路集体宿舍,将书箱放在我床头前叠成一个小小的书桌,为了不影响别人,我把灯拉到最低,把每天征集回来的重要文物加以仔细地研究考查,必彻底而后可。当第二天推介的时候,那些名宿、行家里手往往不如我详尽熟悉,因而受到他们的青睐,以为青年奇才。当时名宿如天津的徐行可,上海的徐森玉、尹石公,以及吴湖帆、钱镜塘、王春渠、沈剑智、周煦良、傅雷、潘景郑、顾廷龙、沈尹默、刘海粟、谢稚柳、唐云等等,各地的同行如胡介梅、马宝山、李孟冬、王理伯,北京庆云堂张彦生、宝古斋张裕庄、天津劝业场张慈荪、南京十竹斋等等,也汇集上海,得以交流,见闻益广,眼界大开。("崇善楼书系"《总序》)

虽然至1960年许,随着该部门并入上海荣宝斋,不久又组建为朵云轩,而古籍书店原有的碑帖业务,也自此归由朵云轩主营,但今日上海图书公司库中所存数千件历代碑拓,仍是其始于当初的多年积累,且不乏精善珍本。如现为该公司镇库之宝的张弁群旧藏汉《嵩山太室石阙铭》宋拓剪裱本,王壮弘先生在《崇善楼笔记》中专门著录,称其"乃沈树镛藏郑谷口旧藏本,纸墨黝古,的系宋拓……前后有郑簠(谷口)、吴让之(熙载)、沈树镛(均初)、俞曲园(樾)、

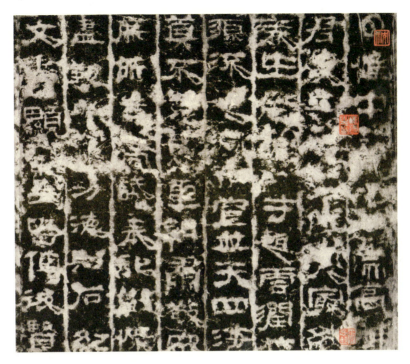

汉《嵩山太室石阙铭》宋拓剪裱本

吴昌硕、褚德彝等人题记;吴昌硕、沈均初、杨见山、邓传密题签。吴大澂作《嵩岳访碑》及《中岳庙》二图,王震作《得碑图》,郑斋作碑文释图。碑文内钤有徐紫珊、万中立、王任堂、沈树镛、费屺怀、陈寄磻、胡鼻山、庞芝阁、刘世珩等大小印章廿余戳。装帧精美雅洁,每一开卷,墨香四溢,神采照人,真佳拓也"。张弁群(1875—1922)名增熙,一名熙,号查客,又作槎客,浙江南浔人。民国元勋张静江长兄,曾主持张家当年专为海外古董生意开设的"通运"公司沪上业务。工书法、精鉴赏,所收金石碑版,率多善本。《太室石阙铭》之外,今上海图书公司另有北魏《高贞碑》，原亦为其物。不仅是第八行"於王"二字完好无泐痕、第十二行"重"字"曰"部中横未损的真正初拓，更有张氏乙卯（1915）八月题跋，尤属难得。王壮弘先生也定其"实为最初拓本无疑"，并有"雅洁可爱，字迹如灵光浮动水面"之赞。而经王先生过眼并记录的张氏旧藏善本碑帖，还有胡鼻山旧藏北魏《张猛龙碑》明拓较早本，民国间上海文明书局用作影印底本的黄小松旧藏明末清初淡墨精拓本隋《龙藏寺碑》（"李东琪本"），唐褚遂良《伊阙佛龛碑》明末拓本等，多为珍稀难得之品。

《嵩山太室石阙铭》后，有当时画坛名家王一亭（震）先生己未（1919）仲夏为张弁群所作《得碑图》，上有吴昌硕题诗："一圈标界例谁私，普戒亭林共阙疑。峻极崧高诗烂熟，奇觚还识褚回池。　即心见佛气氤氲，海立山摧了不闻。浊酒浇愁醒梦早，有时寻我一书裙。己未夏季，查客示《得碑图》，盖近得宋拓《太室石阙》，草率应教。褚回池指松窗孝廉，深于金石者也。吴昌硕时年七十有六。"又褚德彝题诗："谷口珍储留宋拓，翁钱疑误扫无遗。吾家谱牒原流溯，石尾题名辨褚师。　槎翁文库富琳琅，翠墨斑连发古香。郑重唐钟同什袭，月虹夜夜贯东堂。槎客得汉《太室石阙铭》宋拓本，沈均初旧藏秘笈也。一亭为作《得碑图》，缶庐老人复作诗张之。余亦拟二绝，盖以附名末简为幸耳。己未七月褚德彝记。"皆可见张氏当年与金石名家之间的品赏题咏、往还切磋之乐。吴长邺先生《我的祖父吴昌硕》（上海书店出版社

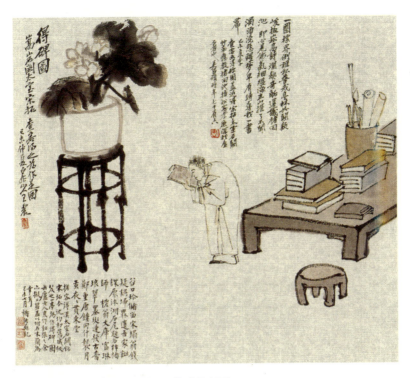

王震（一亭）为查客（张弁群）所作《得碑图》

张弁群旧藏北魏《高贞碑》初拓本

1997年版)一书所附吴氏《年谱简编》民国八年己未（1919）中，记"大暑，刻'余杭褚德彝、吴兴张增熙、安吉吴昌硕同时审定印'"，以及"十二月，张弁群集拓先生所刻印百余钮，编成《缶庐印存》八卷，褚德彝为作序"诸条，独未及其为张氏获宋拓《太室石阙铭》题《得碑图》之事。而《缶庐诗》卷八所收《嵩山太室宋拓为查客》二绝，即吴氏题于《得碑图》上者，但已无诗后题记，仅于第一首末句下，加注"褚松窗为查客金石交"，第二首前两句，也改为"方奇辟谷传家学，字古求源补《说文》"。又同卷另有《话旧图》四首并序，则忆及其昔日与张氏之交谊，略谓："查客供职京师，缶曾客其寓庐，极文酒之雅，诙谐之乐。其时在庚戌，而辛亥之秋即丁大变，迄今未及十载。前尘回首，如在梦中，此查客《话旧图》之所由作也。"庚戌为1910年。而朵云轩2014年春季艺术品拍卖会金石缘书画专场的拍品中，有唐《阿弥陀经钟》拓片立轴，为张弁群题赠吴昌硕者，曰："此阿弥陀经钟近得之吴门故家，前人金石书中均未著录。字画遒劲，与大中磬当是一人所书。特精拓一本，持赠缶庐先生，即乞加以考证。己未仲冬张熙。"其上并有褚德彝所署："唐阿弥陀经钟。己未十又二月为缶庐世叔题，褚德彝。"又有吴昌硕题诗："书如北海神龙缩，来自西天白象驮。今日尘沙成浩劫，钟撞百八佛云何。片纸摩挲古藏经，烦君走摹二难并。瓣香美意无多祝，一笑乘查长谷城。弁群赠此拓，书二绝张之。己未仲冬，七十六叟老缶。"凡此皆能与《得碑图》上所题互观，为吴、褚、张三人金石之缘，更添佳话。

上海图书公司所存善本碑帖中，尚有陈淮生旧物数种，颇多精好者。如北魏《刁遵墓志》，系清乾隆中所拓"雍字初损本"，其第五行"金紫左光禄大夫建平"之"夫建"二字、第九行"所见者"之"所"字等，虽皆有漫漶，但均可辨认；

第十二行"见而异之"之"异"字、"太和中"之"和"字，第十三行"洽德于民"之"民"字、"正始中征为太尉高阳王谘议参军"之"正始中"诸字，亦皆完好。虽非康（熙）雍（正）间出土时最初之拓，但仍属珍稀。其后有民国间金石名家易大厂题跋，述其壬戌（1922）在津沽夜访陈氏时初见此本，"近灯延赏，遂我平生"，以及至丁卯（1927）新岁得获重睹并作题跋之种种，生动传神，逸闻隽永。又如隋《李氏女尉富娘墓志》，据说清同治间出土后不久，即有碑贾覆刻；后又被人以覆刻志盖配原刻志石，再以原刻志盖配覆刻志石分售，遂致混淆。所传志石，以庞芝阁、李山农两家所藏者为最著名，而其真伪，仍有争议。上海图书公司所藏即为庞氏藏石本，有陈淮生戊辰（1928）五月自跋。

更值得一说的是，陈氏旧藏《董美人墓志》，先后有褚德彝庚申（1920）及丁卯（1927）、吴湖帆戊辰（1928），以及赵尊岳己巳（1929）诸跋，皆文辞典雅，精楷工书，而吴氏所记其与陈氏之金石佳缘，尤具意味：

  丁卯之冬，淮生道兄携示隋《常丑奴墓志》，与余藏冬心斋本相校勘，赏析竟日，各易题字，以识石墨胜缘。余并示以《董美人志》，意亦欲共观，而先生亦以此册未携为怅。盖《丑奴》《美人》，俱隋志中铭心绝品、仅有之本也，吾二人俱双有之，岂非奇缘？戊辰冬日，访先生于寓斋，因得饱眼福，并属余录郑小坡题《西河》词及余和词于后。

丁卯之冬淮生道兄攜示隋常醜
奴墓志与余藏冬心齋本相校勘賞
析竟日各易題字以識石墨勝緣余
並眎以董美人志意亦欲共觀而
先生亦以此冊未攜為悵蓋醜奴美人
俱隋志中銘心絕品僅有之本也吾

二人俱雙有之堂非奇緣戊辰冬日訪
先生于寓齋因得能眼福並屬余錄
鄭小坡題西河詞及和詞于後
仁壽第風流賸有殘記瑤華玉匣瘞花銘
政官艷事曉雲鬟鬢遠山眉真人空想天
際賦多麗歌舞地蜀王少小才綺千琴

柱𢳂斷腸絲別鷲自理粉塵半鏡隔傾城
吹花秋夜孤燈冷看冉冉墜夢裏玉鈎
斜空掩幽翠片石都無苦字算開皇
舊邸餘芳傅此還念琉嬌豐碑淚
青鎖第隋宮怨迹誰記墨花蔦餞舊啼
痕賦情往事白楊孤隴意蕭蕭斜暉猶

媚林隄 理香廢歌佳麗地長安冷落羅
綺六朝秀色錦屏空靚妝罷理亂鴉騫
兩最驚心秋風減時延美人渺渺極
望裏歎高山流水空翠千面金徽遺字
料云房倩女看硯凝此腸斷斑斑相思淚
戊辰十一月廿五日吳湖帆書

吳湖帆跋陳淮生藏隋《董美人墓志》

褚德彝丁卯跋末页边，有陈淮生题记，似可与吴氏所记并读："往在燕都，得此志并《常丑奴志》于伦邸，曾以《美人》《丑奴》名室。一时游戏，不足据为典要，姑志于此。己巳人日承修。"又今已归上海图书馆的吴湖帆旧藏《董美人墓志》浓墨剪裱本册后，有"丁卯冬日武进赵尊岳、闽县陈承修同观"款，也正是当年陈淮生等在吴氏处的共赏之记。而在大名鼎鼎的吴湖帆"四欧宝笈"及宋拓宋装《许真人井铭》中，也留下了陈淮生分别于民国十七年戊辰（1928）十一月为《九成宫醴泉铭》所作之跋，民国十八年己巳（1929）四月获观《许真人井铭》所题之记，以及十月又与陈巨来共赏《化度寺》《虞恭公》《皇甫君》后写下的识语观款。陈淮生名承修，闽县人。嗜金石，精鉴赏。罗振玉《石交录》卷一有关汉《熹平石经》条下，曾专门附记其人其事："岁戊辰，闽中陈君淮生承修，拟向诸家集拓，旋南归不果，乃由大兴孙君壮成其事……淮生旧为学部同僚，好古甚笃，虽处浊乱之世，其行己尚有所不为，晚近佳士也。乃中寿物故，予最后集录，彼竟不及见，为可憾也。"而上海图书馆《历史文献》第八辑（上海古籍出版社 2004 年 12 月）所刊吴湖帆《梅景书屋题跋记》（佘彦焱整理）中，有"汉马姜墓碣"题记，谓："新出土汉墓志只此一种，闻石尚存罗雪堂丈处。此拓乃故友陈淮生贻我者，越淮生之殁，已一年矣。（癸酉冬至）"因知陈氏之卒，当在 1932 年。吴氏跋其自藏明拓《唐梁文昭公房公碑》中又记："此本余得易于闽友陈淮生。淮生知余有昭陵古拓之好，专相让也。今淮生又作古人，对此能不怅然。癸酉中秋，校竟题此。"癸酉为1933年，至庚辰（1940）秋跋自藏旧拓《唐高唐公马周碑》残本时，犹忆："此册为吾友陈淮生先生旧物，昔岁赠余者。今阅先生之殁将十年，曝碑检阅，如遇故人，因记。"则两人金石之交，可见一斑。

其他还有如吴昌硕题跋明拓《石门颂》，固始张（攸彬）氏旧藏明中期拓《礼器碑》等，都是上海图书公司所藏碑帖中的名品。而所有这些流传有绪、见证着一代又一代藏家和同好们研究赏玩、品评交流，乃至翰墨因缘、趣闻逸事的珍稀善本，在历经岁月沧桑、人事曲折之后，又陆续汇聚上海图书公司，不仅因各自独到的文物价值，给之前的库藏积累添宝；更由托物寄意的前辈遗韵，为今日之传承弘扬增色。展对佳拓，摩挲细阅之下，不禁想道：1985年在上海图书公司重新开业的艺苑真赏社，民国间曾与神州国光社、有正书局、文明书局、商务印书馆、中华书局等，皆以碑帖影印著称。倘能继此传统，并在20世纪60年代初业已开始影印的唐柳公权《玄秘塔》，宋拓孤本《兰亭续帖》《郁孤台法帖》《凤墅帖》，宋拓汉《嵩山太室石阙铭》限量仿真本，以及《中国历代法书墨迹大观》（全十八册）等数百种碑帖的基础上，全面规划，精益求精，将长期深藏的善本碑帖，更有系统、更高质量地影印流布，则无论于金石或学术，皆堪称功德无量，影响远大。

海外寻珍说碑帖

自1961年任职上海朵云轩，1981年移民美国，1987年加入著名的佳士得拍卖公司，直到2009年正式退休，马成名先生与书画碑帖，有着近五十年的交道，而其中又有一半是海外的经历，因此，这本《海外所见善本碑帖录》（以下简称《碑帖录》）中记述的，大多也许正是国内同好似曾熟识但已久违的流散珍品，以及那些鲜为人知却又让大家有兴趣的相关曲折。当然，也有一些经过与其他资料参互印证之后，颇有意思的话题。

马先生和存世的几种《淳化阁帖》重要善本，好像都特别有缘。《碑帖录》记宋拓《淳化阁帖》绍兴国子监本时回忆："1963年，我在上海朵云轩工作，具体是管理碑帖这部分。当年我曾经和王壮弘先生用了一年的时间，将朵云轩所有的碑帖拓片和拓本整理了一遍。在整理的过程中发现此本宋拓《淳

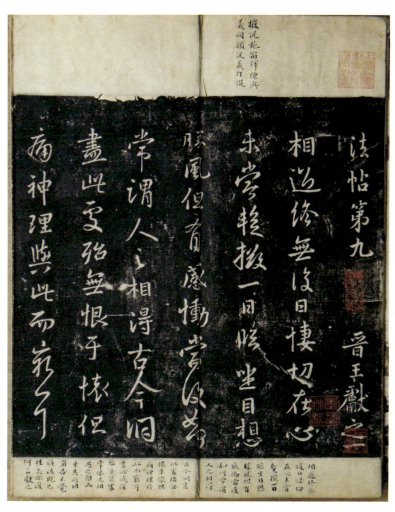

上海图书馆藏宋拓《淳化阁帖》绍兴国子监本卷九

化阁帖》第九卷。当时所有的企业都是国家的,有明文规定若发现重要文物,应先送国家级机构。上海是书画归上海博物馆,碑帖归上海图书馆。这册《淳化阁帖》第九卷还是我亲手送去上海图书馆的。"于是,在三十多年之后的2000年年底,当任职于美国华盛顿弗利尔美术馆的张子宁先生拿出馆内一套只存九册的《淳化阁帖》请马先生鉴赏时,他一见如故:"当我打开第一卷外面蓝布摺套,见到此帖之特殊装裱时,心中即涌现上海图书馆藏本第九卷。翻开第一页,见所钤鉴藏印后,即时认定此套《淳化阁帖》九册,与上海图书馆所藏之一册原本是一套,后来拆散。弗利尔美术馆藏九册中所缺的,亦正是这第九卷。"就这样,这套分离已久、如今天各一方的国宝级孤本,竟由马先生一个人,先在二十多岁时,亲手把其中的一册,送进上海图书馆;到了花甲之年,又亲眼在异国他乡的弗利尔美术馆,认出了余下的九册,真可谓绝对的神奇之缘。而为了以"重逢合影"来弥补其各分东西的遗憾,促成中美双方收藏机构合作印制出版一套高质量的十卷"合璧"全本,马先生又经历了虽是"分外"却更加不易的往返协调……好在几经周折之后,听说终于已经有了初步的着落。

2003年,上海博物馆以四百五十万美元的代价,从美国藏家安思远手中,购得了残存于世的四册《淳化阁帖》最善本。而安思远当年分两次从佳士得拍到不同来源的第四卷一册和第六、七、八卷三册,皆由马先生先后征集发现。作为

左图：上海图书馆藏宋拓《淳化阁帖》绍兴国子监本卷九封面

下图：美国弗利尔美术馆藏宋拓《淳化阁帖》绍兴国子监本卷一至卷八及卷十封面

经手其事的亲历者，马先生不仅在《碑帖录》中记下了第四卷曾在沪上展出，当时上海博物馆副馆长、碑帖专家汪庆正先生看后那种珍惜不舍、说"这是一件好东西"的青睐之情；又记下了征得第四卷之后，紧接着发现不见已久的第六、七、八三卷时的庆幸和心愿："千年前散失之帖，现经余手，再又重现。余何德何能，老天如此厚待，前辈梦寐以求、一生未能一见之善本，却让余三生有幸，在一年间都遇上了。欣喜欲狂。随后余即印制《国之重宝：北宋拓〈淳化阁帖〉祖本》小册，经佳士得拍卖公司国内办事处，广发国内各大博物馆、图书馆，希望能引起国内有关部门注意，能回归国内收藏。"当然，他也记下了当时估价八万至十万美元的第四卷，结果被安思远以八万九千六百美元拍走；而估价二十五万至三十万美元的第六、七、八三卷，又仅以二十二万二千五百美元，仍被安思远收入囊中。更记下了上海博物馆最终将四册一并购归之后，马先生心头的那种释怀："彼一时，此一时，虽说四册《淳化阁帖》当时仅三十万美元，现花了四百五十万美元，但最终还是实现了回归祖国收藏的夙愿，不胜欣慰。"让人读来，兴味之中，时见真情。

  这四册《淳化阁帖》最善本中的第四卷，原系南宋贾似道旧物，自清代吴荣光、许乃普收藏之后的一百多年里，一直深扃不露。直到1992年，马先生才在美国波士顿近郊的群玉斋主人李启严后人处获见。李氏为香港著名的碑帖书画收藏家，1984年去世后，所藏陆续散出，今记于《碑帖录》者即有十多种，

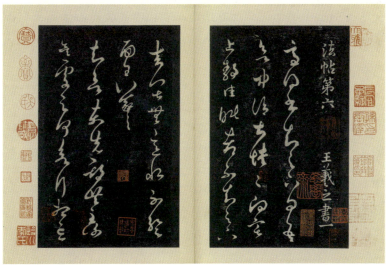

上图:《淳化阁帖》存世"最善本"之卷四(吴荣光旧藏)
下图:《淳化阁帖》存世"最善本"之卷六(司空公本)

几近全书所录的四分之一,且多名品,包括这第四卷,以及那件群玉堂本怀素草书《千字文》宋拓孤本。该《千字文》册尾,有沈尹默书唐李白专咏怀素草书的《草书歌行》,而吴湖帆也曾于庚子(1960)冬为李氏作《群玉斋校碑图》卷,皆颇精好。另外的第六、七、八三卷,则是历经南宋贾似道,元赵孟頫,清初以来孙承泽、安仪周、李宗瀚,以及民国间周湘云、蒋谷孙、吴普心诸家递藏的所谓"司空公本",向有盛名。20世纪40年代,又经上海有正书局珂罗版影印,后流出境外,一直下落不明。张彦生先生《善本碑帖录》(中华书局1984年版)中虽有"后归上海胡惠春,今胡在香港"之记,然未言所据。今检"司空公本"三册中,似无胡氏之迹,却有思学斋吴普心诸印,吴氏亦为当年由沪赴港者。而吴氏之前,则在精鉴碑版的吴兴密韵楼后人蒋谷孙(祖怡)处。

陈巨来《安持人物琐忆》(上海书画出版社2011年版)中曾记:"岁己巳(1929)春日,谷孙又以四千元收进宋拓孤本薛少保《信行禅师碑》……是岁夏日,谷孙以又欲买他物,缺了二千元,遂以是碑押于其表弟南浔首富张叔驯处……叔驯知此碑当时可值四五千元以上,知谷孙半年内不能赎取也,遂说明利息可免,但三月不赎,即没收之。蒋无奈,允之。至二个月后,谷孙诒之云有人愿以四千购之,需先看件,一日即还不误。叔驯付之,至次日果还了。及三个月,叔驯催赎,蒋不理,叔驯即以五千元出售了。受主一检点,缺了二页，不买了。叔驯大怒，遂以谷孙当时押据控于法院了。是时蒋知余不屑为之代出席者，乃嘱另一至友秦康父（广东提督秦炳直之子）代为出庭认错，具结领回，嘱蒋补齐后再呈堂上云云。法官因有具结在院，遂付之归。次日果以全碑呈上，法官检视已齐，乃付叔驯之手。哪知已被谷孙换了一本翻版赝鼎矣。叔驯不接受，退呈法官，云：不是真的了。这法官可怜什么真假全不懂，大怒，云：明明薛少保《信行禅师碑》，缺的已补，什么真假，去去去。叔驯竟啼笑皆非，以二千买一二元的物品了，遂与蒋绝了交矣。"今《淳化阁帖》"司空公本"第六卷前，有褚德彝为蒋氏所题"北宋祖刻《淳化阁帖》右军书三卷，海内第一本，北平孙氏砚山斋旧藏，官帖簃秘笈"扉页，署年"己巳十又一月"；而吴湖帆所作《官帖簃图》，题款中亦有"己巳冬日（蒋谷孙）属图册耑"之语，则陈巨来所述己巳（1929）夏日蒋氏典去《信行禅师碑》"欲买他物"者，莫非即此三册"海内《阁帖》之冠"？若真如此，似亦在情理之中。

关于蒋谷孙与张叔驯为《信行禅师碑》之纠纷，曹大铁在其《梓人韵语》（南京出版社1993年版）中的《富乡歌》长诗诗注及《风入松·茶寮即事》词注两处，亦皆述及，且与陈巨来之说不同，略谓："叔驯所藏北宋拓薛稷书《信行禅师碑》，为人间孤本。某岁，旧邻蒋孟蘋之子谷孙借阅，时名妓陈美美移艳帜于上海，谷孙眷之极。会其所营丝业受世界经济恐慌影响，商战大北，其家密韵楼藏书，尽归国库，然

吴湖帆为蒋谷孙所作《官帖簃图》

犹不肯轻弃美美,乃以壹万元现金将《信师碑》盗卖于日本人长尾甲,为美美偿债赁屋。事发,叔驯诉蒋于官。丁丑战起,叔驯留美土纽约十载,此未决案一也。"然究竟孰是,恐怕至今仍属"悬案"。其实,当年他们这些玩家之间藏品的流通往还,好像也很常见。吴湖帆《丑簃日记》(收入梁颖编校《吴湖帆文稿》,中国美术学院出版社2004年版)民国二十六年(1937)一月二十六日中即记:"下午蒋谷孙来,贻余明刻《花草粹编》十二卷全部及金孝章手校《金国南迁录》,又黄氏士礼居影抄《屏玉》《碧云》二集。余奉以明拓《郑固》《礼器》《景君》三碑,又孙渊如、严铁桥校《嵩山三阙题名》一册,即谷孙前年送余四十岁礼物也。"有时,其间还有种种牵扯繁

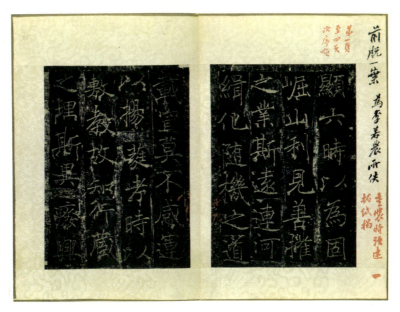

唐薛稷书《信行禅师碑》常熟翁氏藏本

杂的"账目"乃至"算计":"曹友卿携谷孙易物来,带去倪云林《江渚风林图》,毛影宋抄《梅屋诗余》《石屏长短句》《樵斋乐章》三书,《花草粹编》一部,金孝章校明抄《金国南迁录》一本、宋刻《后村词》一卷(倪画原非易中之物,毛抄《梅》《石》二种余旧藏);带来余旧藏《汉侯获碑》二轴,元拓《史晨前后碑》二本,明拓《景君》《韩敕》《郑固》三碑及张伯雨书轴。以上三物去年易去,余为托谷孙经售梁楷画,故易之。后梁画未成交,余欲易还,而谷孙不肯。索之再三,终不理会。近观云林《江渚风林图》被余扣住将一月,乃得将原物易归,盖五汉碑皆外祖沈公物也。"(1938年6月26日)而类似这样的"交易得失",大概也只有当事人自己,才真正心知肚明。

不过，马先生20世纪末在美国翁万戈先生"莱溪居"见到的那本翁同龢旧藏宋拓《信行禅师碑》，倒是出人意料地改变了一向为世矜夸的那本道州何氏原藏，亦即前述蒋谷孙与张叔驯纷争之物是"宋拓孤本"的旧说。经与现藏日本大谷大学的道州何氏本互校，马先生的结论是："两本都是宋拓本，从纸墨看何绍基藏本拓墨时间应略早于翁同龢藏本。何本拓墨精湛，装裱剪接整齐；翁本拓墨略重，装裱剪接零乱。"并在2001年4月香港中文大学文物馆举办的"中国碑帖与书法国际研讨会"上，撰文首次披露，简要介绍了这一发现。此次《碑帖录》中，更详记册中各家题跋，从而进一步梳理出其为翁同龢"咸丰癸丑（1853）得自京师厂肆，乃东武刘氏旧物"，以及当时李文田、张之洞、沈均初、费念慈诸人如何寓目鉴赏，又不慎失去首二页等始末原委和有关细节。马先生还忆及其之所以留心寻访，实缘于20世纪70年代在沪上与前辈翁闿运先生闲话碑帖时，翁先生曾经提到过一句："听说《信行禅师碑》除何绍基本外还有一本，不知真实否，下落亦不明。"其实，卒于1951年初的著名金石碑版专家柯燕舲（昌泗）先生，就曾在其遗著《语石异同评》中记："《信行》碑久佚，向惟道州何氏有旧拓本。前有自关中来者言，长安某氏尚有一本，则艺林所未知云。"而王壮弘先生《崇善楼笔记》中"《修梵石室志》（费念慈藏本）"条下亦谓："龙门薛书《涅槃经》，世见仅吴荣光藏七十五字旧拓本，曾刻入《筠清馆帖》中，此外极少闻见……吴氏藏者乃王鲁泉所藏宋拓二段，有项子京藏印，割首七十五字赠荷屋。余见原拓照片，有各家跋。内翁同龢一跋云：'得《信行禅师碑》于诸城刘氏，与何氏所藏，为海内二本，首页缺。'岂也似此之割赠人乎？"今道州何氏本《信行禅师碑》后吴荣光（荷屋）道光十六年丙申（1836）题记中，即有"薛少保书自《杳冥君碑》《升仙太子碑》年月书名外，仅见余所得《龙门涅槃经》七十五字"诸语。马先生《碑帖录》中，又另记其20世纪60年代听王壮弘先生提及沪上收藏名家华绎之有唐颜真卿《争座位帖》宋拓善本，因记于心，竟于1995年在海外通过追询华家后代，征得此帖南宋拓本。

马先生鉴碑，多有自己独到的经验心得，《碑帖录》中时见述及。如其在仔细研究存世《曹全碑》善拓诸本的基础上，特别指出："以顾氏'因'字不损本与多本未断本相较（包括沈雪庐藏本），第二行'世宗廓土'之'土'字，仅顾本字画光洁无少损，其余各本均有损泐。"顾本今在上海博物馆，而在王壮弘、张彦生诸先生的经眼著录及比较研究中，似均未及此。又如明拓汉《泰山都尉孔宙碑》："此册后题跋称此拓为元末明初之物，并是原装。我以为拓本元末明初似有过誉，但装工尚是原装，应是不谬。曾屡见明朝原装册页，其册页面底多用纸皮，不用木板。通常所见楠木、紫檀、樱木面底，多是有清以后之物。"则是从装裱及其用材的时代特征上，细察区分，以助鉴定。马先生于此等看似细微之处，多有注重，如"北宋拓唐李邕《麓山寺碑》"条下，记有"毕氏璪卿校装金石"一印，案毕氏应为晚清碑版装治名手，赵烈文《能静居日记》（岳麓书社2013年版）光绪十五年（1889）一月十八日有"装潢人毕藻卿来，为余潢治诸石墨"之记。而今存上海图书馆的赵氏天放楼旧藏明拓《天发神谶碑》，不仅其后赵氏光绪十五年长跋中，即有"今正闲暇，召梁溪毕生来静圃潢治诸石墨，于此碑躬督助之，四日乃复其位"云云，且册尾下角又钤"毕藻卿潢治"白文小印。《碑帖录》中，马先生还一一详记其当年自制糨糊（海外只有胶水，没有糨糊，用胶水日后难以揭裱），悉心修补《淳化阁帖》最善本第四卷裱背脱浆的具体所在，亦颇具意味。

事实上，善本碑帖的装治，尤其是对那些受损较严重者的修复，向来是难度极高的绝活，即便专门高手，也不轻松。《碑帖录》中记《麓山寺碑》存世著名善拓之一"赵声伯藏本"，"此本原藏日本三井听冰阁文库，三井文库是日本收藏中国碑帖拓本最好、亦是最多的机构。旧时三井文库将碑帖藏于地库，20世纪90年代初，一次因地库入水，很多碑帖浸溺水中，致使损坏。后三井请高岛先生代为整理，完后以此宋拓《麓山寺碑》赠予致谢。此本亦被水浸，高岛先生倩人修理重裱"。而高岛先生当年所托之人，则为启元白（功）先生。北京师范大学出版社2008年7月出版的《启功书信选》中，有"致高岛义彦十一通"，其中1993年3月1日一信内提到："尊藏水湿古本碑拓，将托贺小姐带来重裱，启功一定妥善代办，请放心。"同年 6 月 1 日之信中,又谓:"最近始晤张明善先生,他看了尊藏的《麓山寺碑》,以为是未经描损的宋拓珍本,十分可贵。他说可以修理,白色霉斑也可以去掉。只是水湿太甚,有些粘连地方,揭开时难色(免)会有损伤,这是应先说明的……只是此物比较费功夫,恐不易太快完成,这是您所了解的。"等到告知"尊藏《麓山寺碑》已由张明善先生精心裱成,敬待台驾光临,亲自检收"时,已是四个多月以后的 10 月 25 日。而张明善先生正是北京琉璃厂专营碑拓的庆云堂主人、著名碑帖专家张彦生先生之子。由启功先生致高岛氏的信中,还知张明善先生更为高岛氏修复已经粘成固体"纸饼"的《龙藏寺碑》,则其身手不凡,得以想见。另外可附及的是,启功先生还曾应时为二玄社资深编辑的高岛氏之请,为撰"程伯奋先生《程氏收藏宋元明清书法丛刊》题辞",全文录于其 1995 年 10 月 19 日致高岛氏的信中。程氏名琦,安徽歙县人,是旅居东京的著名书画收藏家。其《萱晖堂书画录》,亦由二玄社印行。

《碑帖录》中"宋拓晋王羲之《墓田丙舍帖》越州石氏本"后,有旧藏者许汉卿数跋,其中记:"民国七年戊午,朱复初先生得此帖于太原,其后嗣流寓天津,贮此帖于某银行保管库。二十八年秋津沽大涝,库内水深数尺,浸水中三旬之久,竟未损坏,岂果有鬼神呵护之耶?"又谓:"津市各银行之保管库皆在地窖内,大陆银行之库亦然。余深以为虑,于十二年春毅然将库移置地上,鸠工重建,所费不赀,人皆嗤余之妄动。

迨二十八年秋，各行之库俱浸大水中，顾客存物受损，怨咨不已。独大陆之库已移于上层，得无恙，人争便之。"许氏为银行家，又好书画碑帖，故多珍藏。日前争议颇激的苏东坡《功甫帖》、今在上海博物馆的宋拓《淳化阁帖》"潘祖纯本"等，皆曾为其所宝，则其当年未雨绸缪的独家之虑，是否也有些许设身处地的独到之思？

拙著《祝允明年谱》（复旦大学出版社1996年版）曾记祝氏于正德二年（1507）秋，为无锡尚古翁华氏书杜甫《秋兴》及撰书《成趣园记》诸事，今《碑帖录》中"宋拓孤本《临江二王帖》"卷后，有祝氏一跋，亦与华氏相关，且能补谱文未及，因录其文，以志开卷有缘之喜：

> 王氏先后皆书苑宗家，何复赞为？自李唐来如河南、率更、永兴、颠、素、徐、杨、眉山、豫章、襄阳、莆阳，以及近代吴兴，诸子皆王家游、夏，一支之至者也。此帖乃颜、冉之具而微者也。学者之求师也，从支乎？从其乎？姑以是为初涉艺圃者言之云尔。帖藏光禄尚古华公所，诚今日之绝宝也。正德二年仲春一日吴祝允明记。

华氏名珵，字汝德，号尚古生，无锡人。文徵明曾撰《华尚古小传》，称其"家有尚古楼，凡冠履盘盂几榻，悉拟制古人。尤好古法书名画鼎彝之属，每并金悬购，不厌而益勤。亦能推别真赝美恶，故所蓄皆不下乙品。时吴有沈周先生，号能鉴古。尚古时时载小舟从沈周先生游，互出所藏，相与评骘，或累旬不返。成化、弘治间东南好古博雅之士，称沈先生，而尚古其次焉"。当时无锡华氏还先后有华夏及华云，前者字中甫，家有真赏斋；后者字从龙，号补庵，有休真园、剑光阁等，皆精鉴赏，富收藏。然今人著述中，每多混淆，故马先生于"宋拓《淳化阁帖》淳熙修内司本"的注释中，特别指出："自二十世纪八十年代，上海博物馆出版《中国书画家印鉴款识》一书，将华夏与华云二人之字和号混为一人以后，二十多年来出版之鉴定和印鉴书籍，一直以讹传讹。"并列举2001年辽宁人民出版社出版的任继愈主编《中国藏书楼》、1997年上海书店出版的林申清编《中国藏书家印鉴》、2000年辽海出版社出版的杨仁恺著《中国书画鉴定学稿》、2008年江西美术出版社出版的钟银兰主编《中国鉴藏家印鉴大全》等七种相关之作。其实，也有不误者：周道振先生《文徵明年谱》（百家出版社1998年版），翁万戈先生《美国顾洛阜藏中国历代书画名迹精选》（上海人民美术出版社2009年版），以及前揭《祝允明年谱》。

"四欧"及"既丑且美"之外

——吴湖帆的昭陵碑拓鉴藏

笃好金石碑帖的著名画家吴湖帆先生,不仅一生多收珍本善拓,并且常常在品鉴赏玩中,独具眼光,别出心裁,遂有集唐初欧(阳询)书《化度寺》《九成宫》《虞恭公》《皇甫君》四碑宋拓成"四欧宝笈",配隋代《常丑奴》《董美人》二志精本为"既丑且美"等种种故事,流风雅韵,至今脍炙人口。而其于唐昭陵诸碑之搜求考藏所用心力,亦堪称一代绝响。此中具体,因相对鲜为世知,似更值得一说。

晚清金石碑版研究名家叶昌炽在其《语石》中谓:"唐太宗昭陵,在醴泉县九嵕山,周迴百二十里,渭绕其前,泾环其后,岐梁西峙,其南则终南、太乙,列为屏障。陪葬兆域,穹碑相望……据《唐会要》所记,陪葬者一百五十余人,尚有子祔其父、孙祔其祖者。当时墓各有碑,荒崖断碣,沉霾不少。"并指出："昭陵为唐碑渊薮，撰人书人，皆极一时之选，学书者所当奉为楷模也。"另一金石学家罗振玉，则在前人王昶《金石萃编》、孙三锡《昭陵碑考》等基础上，于光绪三十四年（1908）成《昭陵碑录》，"所据之本，必求精拓足拓，或据旧拓宋拓；每遇一本，必参校一过，故金石文字之著录，如予之于昭陵诸碑，前人殆未有其比"（《石交录》卷四）。因"唐昭陵陪葬诸臣之有碑版传世者，据宋以来诸家著录，凡八十有八，而今之存者，仅二十有八"，遂分三卷，一一录存，依次为：《温彦博碑》《段志玄碑》《文安县主墓志铭》《孔颖达碑》《顺义公碑》《房玄龄碑》《褚亮碑》《豆卢宽碑》《薛收碑》（以上卷上）；《高士廉茔兆记》《崔敦礼碑》《张胤碑》《李靖碑》《尉迟敬德碑》《兰陵长公主碑》《许洛仁碑》《杜君绰碑》《清河公主碑》（以上卷中）；《纪国先妃陆氏碑》《张阿难碑》《马周碑》《阿史那忠碑》《李勣碑》《乙速孤神庆碑》《乙速孤行俨碑》《唐俭碑》《牛秀碑》《姜遐碑》（以上卷下）。至宣统二年（1910），又以新见，更作《昭陵碑录补》，再收《宇文士及碑》《程知节碑》《越国太妃燕氏碑》《房仁裕碑》及《周道务碑》五种。而差不多就在同时，尚属少年的吴湖帆先生，也已从同乡前辈王同愈（栩缘）处，初识昭陵碑拓，上海图书馆《历史文献》第八辑所刊上海博物馆藏稿本《梅景书屋题跋记》（佘彦焱整理）中，有吴氏癸酉（1933）跋其自藏明拓（叶石君旧藏本）《唐曲阜宪公孔君碑》，略忆其事：

余少时于王栩园丈书室,喜翻阅昭陵碑本。当时丈谓世间碑版莫如唐,唐莫如昭陵,可惜多遭剥落为憾。若能尽得宋元明古本,一大快事也。时余才十六七,清鼎将革。今丈巍然白发,真若鲁殿灵光。余廿余年来肆力收贮昭陵旧本,不下十余品,携与共读,定知丈之笑颜开也。余之嗜此,皆丈奖饰之力,故记及。

王同愈(1856—1941),字文若,号胜之,别署栩缘。江苏元和人,光绪十五年(1889)进士。曾从吴湖帆祖父吴大澂游,著弟子籍。工书擅画,学有根底,顾廷龙先生称其:"于学无所不窥,客吴氏斋中,多见古器法物、书画名迹;官京师后,与吴郁生、叶昌炽、费念慈、江标上下议论,于金石文字、书画、目录之学,赏奇析疑,极盍簪之乐。"其《栩缘随笔》(收入顾廷龙编《王同愈集》,上海古籍出版社1998年版)中有说昭陵唐碑一节,略谓:"唐昭陵诸碑,撰书者皆庙堂作手,文字茂美,实冠有唐。村民苦有司之征拓烦扰,逐字打损,故至今十泐八九,非尽剥蚀于风日,销烁于毡椎也……"恰能印证吴氏所记。而由吴氏旧藏冬心斋本《常丑奴墓志》后王氏题跋中,更可见两家通好之谊:"光绪九年(1883)秋客游窓师戎幕时,尝借临一通,时师方督屯宁古塔,幕府清闲,辄以金石文字相赏析,今已阅卅四寒暑。师之嗣孙湖帆,雅好觚翰,笃嗜金石,可谓能绳祖武者矣。因再借摹一通,并书数语,以志师友渊源之雅。丁巳(1917)三月

王同愈先生七十留影

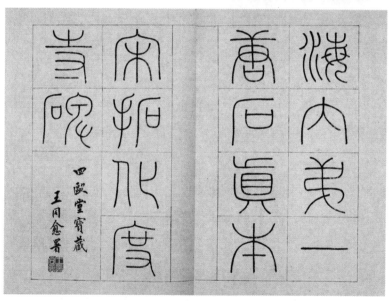

吴氏"四欧宝笈"之一宋拓唐欧阳询书《化度寺碑》王同愈题端

王同愈。"故吴氏所藏碑帖之铭心绝品者,如梁《萧敷敬妃墓志》合册、"四欧宝笈"等,多请王氏署签题端,观款跋尾。《丑簃日记》中,亦时记两人往还交情,并有校碑评赏之乐:"蒋谷孙携《七姬志》来,乞栩丈题。午后栩丈来,与余藏本细校,知蒋藏黄小松本犹非原石所拓,亦旧翻旧拓之精者耳,翁覃溪、黄小松俱被蒙过。细校后方识两本有自然、牵强之别,浑厚、逼仄之分。"(1933年3月3日)

吴氏所收昭陵诸碑旧拓之数,有其自述,先如前引《唐曲阜宪公孔君碑》后癸酉(1933)自跋中所说:"余廿余年来肆力收贮昭陵旧本,不下十余品。"至庚辰(1940)秋跋旧拓《唐高唐公马周碑》残本时,则谓:"余收昭陵石墨十余年来,所获旧拓,几及二十品。"今以笔者所见《梅景书屋题跋记》《丑簃日记》等相关文献著录及个别实物,恰亦二十种。其中最有名的上海图书馆现藏吴氏"四欧宝笈"之一宋拓《虞恭公温彦博碑》,为吴氏夫人潘静淑家传陪嫁之物,有潘氏题记:"此册为先伯父文勤公所藏名拓也,先父仲午公付余宝藏。湖帆初集昭陵诸碑,以此为冠,今与率更宋拓三碑为四欧堂镇宝矣。"而《文安县主墓志铭》因原石为吴大澂督学陕甘时所获载归,故不仅吴氏藏本系其"以明墨旧楮""手自精拓",并且还多有用以赠答友人者。《丑簃日记》1938年11月12日即记:"往谒陶兰翁,承赐《李太妃志》甚精,余以《文安县主志》答之。兰翁胸襟豁达,风趣尤佳,虽是忘年初交,偶以志同道合，颇相得。"次年5月3日又记："下午沈剑知、陈少荪及包天笑先生来，长谈……赠剑知《唐文安县（主）墓志》拓本一张。"又有诸友赠让者：明拓（赵㧑叔校本）《唐许洛仁碑》，"乃先外祖韵初沈公旧物，后以赠仁和魏稼孙，中有赵㧑叔审定印。去年秋间，陆廉夫先生长君云伯兄贻余（甲戌十月）"。陆云伯名翔，画家陆恢之子，民国二十四年（1935）法国人伯希和在沪应吴氏之请，为题"四欧宝笈"中宋拓原石孤本《化度寺》时，陆翔为翻译，并将其汉译之伯希和法文题语，书录于旁。旧拓《唐清河郡公主碑》，"为潘博山所赠，较王氏《萃编》所录多字也"。明拓《唐莒国公唐俭碑》，"谷孙家藏宋刻《草窗韵语》，以密韵名其楼，索余为之图。楼藏书画碑帖至富，余往往得寓目。此《唐俭碑》谷孙近得嘉兴钱氏者，出以示余。余摩挲不释，即以贻余。深感嘉惠，而楼图益艰轻下笔矣（庚午二月）"，"辛未十二月廿六日，正东寇沪滨，烽烟四绕，只杜门枯坐，乃以理画债遣闷，遂为谷孙作《密韵楼图》卷，几不知门外天崩地坼也，因记于此"。旧拓《唐高唐公马周碑》残本，"为吾友陈淮生先生旧物，昔岁赠余者"。明拓《唐梁文昭公房公碑》，"此本余得易于闽友陈淮生。淮生知余有昭陵古拓之好，专相让也"。而吴氏自行购获者，亦复不少，其日记中即有述及："（1931年4月29日）到集宝斋购初拓《尉迟恭碑》（康熙间出土本）。""（1938年3月23日）午后与伟士步至孙伯渊处参观书画会，选购旧拓《尉迟恭》《高士廉》碑二册，《尉》碑有张叔未题字，《高》

碑有杨大瓢题字。"《梅景书屋题跋记》中，更时有详记：明拓（叶石君旧藏本）《唐曲阜宪公孔君碑》，"壬申（1932）归里避暑，获见此册，叹为奇观，因收入四欧堂矣"。《牛秀碑》，"此册尚是康熙间旧拓，庚午（1930）秋日得于沪上。据碑估云，出自宜都杨惺吾孝廉家也"，"同时所得者，尚有《继国先妃陆氏碑》半截本"。旧拓（"武字未损本"）《唐褒国忠壮公段志玄碑》，"此册为十年前所得，张叔未家流传出者"。旧拓《唐太常卿褚亮碑》，"此册为老友杨君元为搜罗所得，校罗叔言《昭陵碑录》多出七八字，亦旧拓明证"。杨君元似系经营旧书碑帖者，《丑簃日记》1938年3月30日曾有记及："午前……杨君元来，为迁设旧书肆于近处兜生意。"而嘉树堂陈郁先生近获四欧堂旧藏《唐张昕墓志》，后有吴氏题赠杨氏跋语，则更可见两人交情："君元杨兄，余十余年金石至交，为余搜罗昭陵诸旧本。前年得此拓，亦兄之力也。即以此拓奉之，冀毕氏四石旧拓之络驿（绎）相合，当亦兄之愿也，辛巳正月十三日倩庵记。"至于未记来源者，《梅景书屋题跋记》中有：旧拓《唐汾阴献公薛收碑》，明拓（张叔未藏十九字本）《唐兰陵公主碑》，明拓（石殿撰跋本）《唐薛国公阿史那忠碑》；而吴氏"四欧宝笈"之首"王孟扬本"《化度寺碑》后，又记："庚午四月六日，天雨午晴，偶阅此拓，适新得明拓昭陵四碑：《孔冲远碑》（闻过庭藏本）、《崔敦礼碑》（沈文忠公藏本）、《唐茂约碑》（停云馆藏本）、《李药师碑》（"昇字未损本"。"昇"字未损，宋拓本也）。一时初唐各碑尽列几案，不禁洋洋自得

嘉树堂藏《唐张昕墓志》吴湖帆题跋

也。"《丑簃日记》1933 年 1 月 10 日亦记："访褚礼堂，取宋拓《李靖》《姜遐》碑二本，未遇。"同月 13 日："大雪。午后冒雪访褚礼堂丈，取《姜遐碑》归，《李靖碑》犹未题就也。"至 16 日："陈巨来携褚礼堂处所题《李靖碑》来。"另有《崔敦礼碑》，见于张彦生先生《善本碑帖录》，著录为"吴湖帆藏潘祖荫本"。

搜求之下，吴氏又多假众本，悉心考校。仅《梅景书屋题跋记》中，就可见其所据者有：密韵楼藏明拓半截本及谢安山藏无锡华氏宋拓半截本《孔颖达碑》，毛意香旧藏（吴步蟾手装）本《尉迟恭碑》，王兰泉所拓整本《许洛仁碑》，北平李氏所藏宋拓贾秋壑本及刘氏聚学轩藏翁覃溪旧本《房玄龄碑》，王兰泉拓整本《兰陵公主碑》，潘文勤藏王兰泉拓《阿史那忠碑》等；并以王兰泉《金石萃编》、赵子函《石墨镌华》、朱（枫）氏《雍州金石记》、罗叔言《昭陵碑录》、方药雨《校碑随笔》诸家所录，参互排比，逐字勘订。《丑簃日记》1938年5月24日也有"校《房梁公碑》（李氏本）"之记，与《梅景书屋题跋记》中"明拓《唐梁文昭公房公碑》"条下诸跋所列校勘明细，正属一事。校碑之外，吴氏还时述鉴赏心得，语多精要。如明拓（叶石君旧藏本）《唐曲阜宪公孔君碑》："旧藏叶九来跋本《姜柔远碑》，存九百余字。纸墨拓工，与此一辙。前人题者，咸云宋拓，与此签题宋拓相同，实皆嘉靖间可靠明拓耳。其他号明拓者，仅乾嘉本耳。"《薛收碑》："《薛收碑》书与《崔敦礼碑》极相似，皆《龙藏》《伊阙》之亚。"《牛秀碑》："此碑书法与《南安懿公张琮碑》最相似，昭陵诸碑若《段志玄》《尉迟恭》碑亦极类，或当时出一手所书，未可知也。"《唐文安县主墓志铭》："书法与大欧阳《醴泉铭》、河南《三龛记》异趣同轨，唐志中无上品也。"旧拓《唐太常卿褚亮碑》："玩索其隶法，方整严峻，与欧阳率更所书《房彦谦碑》似相类……昭陵碑中隶书者虽少数，然如《马周》《乙速孤行俨》二碑，书法较此远逊。"而于明拓《唐梁文昭公房公碑》，更极为推重："唐昭陵诸碑书无一不精，尤以褚书《房梁公》、欧书《温虞公》

二碑，出大家手。余曾得宋拓《温公碑》，今得此明拓《房公碑》，堪称二美。余尤嗜褚书，并及嫡派，如《王居士铭》《思恒律师志》《姜柔远碑》等，皆为世传名迹，而褚书中尤爱此《房碑》。"《王居士铭》得其凝重，《姜柔远碑》得其疏宕，《思恒志》则得其蕴蓄，《信行碑》得其挺秀。凡得其一枝半叶，已足名世，此褚书之所以为大成也。"并及沈尹默先生："近代书家功力之深，当推吴兴沈尹默先生为巨擘。沈氏于褚书，尤研精独到。前日顾余，论及书学，彼以欧、虞、褚三家并重，尤以褚书最心折。褚书诸碑，莫不详及，而尤尊此《房梁公碑》为褚书极诣。余深服沈氏论书之精，其论褚氏为尤精，因记录于碑后，俾后鉴者之参证也。（戊寅花朝）"戊寅为1938年。《丑簃日记》于该年3月30日有记："沈尹翁来，还所题《砖塔铭》，又观睹谈昭陵各碑。尹老最推崇褚河南，在欧、虞之上，可直继山阴，为嫡派宗子。余素尚重褚书，可知不俘。"由此可知，吴氏自己那一笔娟秀瘦劲的书法，或许即是其长期浸淫昭陵诸碑尤得褚书神髓的生动写照，正如其评《清河公主碑》所言："玩其笔意，疑出薛氏，与《石淙诗序》是一家眷属，宋徽宗瘦金体，亦从此出也。"

昔日张彦生先生《善本碑帖录》（以下简称张氏《碑帖录》）、王壮弘先生《增补校碑随笔》（以下简称王氏《增补》）、马子云先生《石刻见闻录》（收入广西师范大学出版社1993年版《碑帖鉴定》，以下简称马氏《见闻录》）等碑帖鉴定名家著录，皆据各自所见所闻，对吴氏旧藏昭陵诸碑中的部分精善之拓，有所品评，且不乏参考价值，因稍集录其文，并附及相关者，用此借窥吴氏所藏品质之一斑。

《虞恭公温彦博碑》

张氏《碑帖录》："上海吴湖帆本，今藏上海博物馆（笔者按：今在上海图书馆），有印本，首附翁跋，整纸全文本，此拓最全，行二十五字。"王氏《增补》："吴湖帆藏宋末拓本，（首行）'碑'字已泐成一白块，然末行'泉室麟阁'之'室'字未损。"仲威先生《碑帖鉴定要解》（上海书画出版社2015年版）中，将同在上海图书馆的吴氏"四欧堂本"与另一清内府旧藏本比勘后指出："清内府本当为北宋拓本，可能为传世最早拓本；四欧堂本当为南宋拓本"，然其"字数之多，为现存诸本之冠"。

《孔颖达碑》

张氏《碑帖录》："所传宋元拓本有三，赵世骏藏宋拓本，有明邵瓜畴、谢希曾、杨大瓢、赵自长跋。字占上半全碑三分之一，首行'大唐故太子右庶子、银''护军曲宪公孔公碑铭'等字可见。上博吴氏本，明装，字较清晰；故宫李氏本，似明初拓，字尚可见。"王氏《增补》："传世墨本以故宫藏临川李氏旧藏宋拓本为最。此外赵声伯旧藏本、上海博物馆藏吴县吴氏本，皆元明间拓本……周季木云：'宋拓八百余字本旧藏谢氏契兰堂,庚子为赵声伯所得。近为日人以三千金收去,真海内孤本也。'按:此石今尚在陕西,并非孤本,惟近拓存字不多耳。除赵声伯本外,临川李氏藏一本,存一千七百余字,乃宋拓佳本,胜赵本多矣。"王氏所记临川李氏旧藏存一千七百余字之本,今在日本三井文库,二玄社曾原色影印。

《崔敦礼碑》

张氏《碑帖录》:"见明拓二本,一本由西安收来,一本归朱翼盦,今藏故宫,原明装黑边小本,浓墨精拓,有小残页……又见吴湖帆藏潘祖荫本,墨色与明拓基本同;西安本首残缺,此潘本中有残缺,今归上海博物馆……孟氏藏乾隆初拓本,后归吴湖帆。首有'于志宁制文'等字,有部分清晰可见。此本或今藏上博,裱整张,有孟题字。"马氏《见闻录》:"1931年左右,西安发现一本明初拓本,十八开零八行,每开十四行,每行十字、十一字不等,又为明黑纸镶边两面裱……此本共为一千四百六十六字,后有无名氏跋,云较吴县潘氏所藏者尚多十余字。此本以后为朱翼盦藏,现存故宫……又见沈郑斋一本,为乾隆拓本,首行'于志宁'等字尚存,前数行已损泐四十余字,后数行均漫漶,仅存二百五十余字。"而王氏《增补》仅曰:"石久佚,近又出,仍在陕西昭陵。传世旧拓本稀少,故宫博物院及上海博物馆有藏本。"

《文安县主墓志铭》

张氏《碑帖录》:"志陕西醴泉嘉庆间出土,先归县人张氏,同治十二年(1873)归苏州吴大澂,运江苏苏州家中……见吴氏家精拓本,字细瘦如两石,书体似褚遂良。近拓已全漫漶。"王氏《增补》:"同治二年(笔者按:"二年"恐当为"十二年"之误。)归吴县吴氏后拓本,字画漫漶细瘦殊甚。"

《李靖碑》

张氏《碑帖录》:"所见最旧拓本为吴湖帆旧藏本,首行字多清晰,明装精洁第一,今藏上海博物馆。"笔者近日往上海博物馆参观"吴湖帆书画鉴藏特展",不意于该馆历代书法陈列展内,获见吴氏旧藏《李靖碑》,共展示四开,一为沈尹默先生署端:"宋拓唐卫景武公李靖碑,明项氏天籁阁旧物,昇字未损本,湖帆珍藏,沈尹默题。"另三开均为碑文,其中首开有檇李项氏及"吴湖帆""四欧堂藏昭陵石迹""吴潘静淑"诸印。又有一开左下角有吴氏题记:"南丰赵氏藏宋拓《李靖碑》第九行'昇'字已泐尽,实赵本仅明拓,此真宋本也,'昇'字未损可证。在'昇'字损后、'册人'未损前陆续泐损者有四十余字,此本皆完好。壬申十二月廿一日灯下校记。"而马氏《见闻录》则谓:"朱翼盦旧藏元明间拓本,为现时所见此碑拓本之冠,现藏故宫,较中晚期明拓'断鳌'未损本尚多六十余字,今特记于下……"

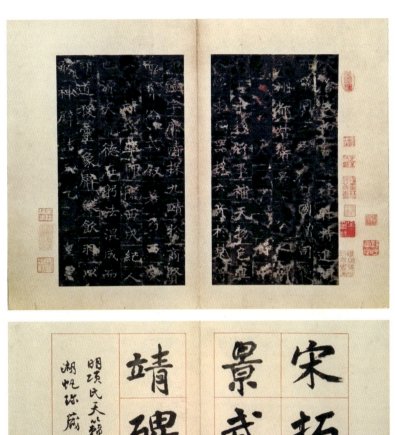

上图：吴湖帆旧藏唐《李靖碑》
下图：吴湖帆旧藏唐《李靖碑》沈尹默题端

《姜遐碑》

张氏《碑帖录》:"见上海吴湖帆、潘祖荫旧藏本,上截全文宋拓本,首行姜君碑全,碑字大部完好,字口锋芒如新,绝佳。明剪装裱本,今在上海博物馆。"王氏《增补》:"闻吴湖帆藏有宋拓本(此册旧藏潘氏攀古楼,今在上海图书馆)。"然据笔者所知,上海图书馆藏碑帖中,似无此本。唯近闻上海博物馆确有吴湖帆旧藏《姜遐碑》,惜未能一见,不知是否即为张彦生、王壮弘两先生所记者。

《唐俭碑》

张氏《碑帖录》:"见明初最早拓本,原上海吴湖帆旧藏,首行名衔完好可见,三行'君讳俭字茂约'等字可见,十七行'於兹逾浚','於'字完好。每行四十余字,较清初拓多四百余字。碑字肥方,面貌与近拓不同……吴氏藏明初拓本,今藏上海博物馆。"今上海图书馆有此碑旧拓数种,其中一本为淡墨精拓,二十开,每开八行,行八字,凡张氏《碑帖录》所记三行"君讳俭字茂约"及十七行"於兹逾浚"之"於"字等,皆可见或完好。面板有吴湖帆题签:"莒国公唐俭碑,明拓本。庚午秋吴湖帆题。"下钤"丑簃长年"白文方印,但册内无任何吴氏收藏印记及题跋。承当年从上海图书馆普通书库中检出此本的仲威先生见告,此本发现时,后面那块护板已经失去,仅册尾二开空白页,与前面各开相连,应是装裱时原状。而《梅

右图：吴湖帆题签本唐《唐俭碑》封面
下图：吴湖帆题签本唐《唐俭碑》

069

景书屋题跋记》所录此碑下，则有吴氏庚午（1930）正月、二月、冬至、冬至后十日及辛未（1931）十二月共五次题跋，其中"淡墨笼纱，有靓妆出水之妙"云云，似与上图吴氏题签本墨色庶几相符；更有意思的是，吴氏庚午（1930）二月之跋中提及"此《唐俭碑》谷孙近得嘉兴钱氏者"，而上图吴氏题签本内，亦恰有朱文"钱"字小圆印及"钱公度"小方印各一。又册中夹有散叶一开，尺寸似较此册略大，为褚松窗隶书所题："唐莒国公唐茂约碑，停云馆藏明初拓本，谷孙世大兄秘笈。己巳年十又一月褚德彝署首。"尽管如此，今上海图书馆此本与《梅景书屋题跋记》中著录之本究竟是何关系，仍莫能最终明确。

斯人已矣　金石长存

或许是一种巧合，也可能是某种共识，2012年，施蛰存先生"北山四窗"学问中金石碑版之学的多种相关著述，接连刊行：先是上海古籍出版社出版的潘思源先生所编《施蛰存北窗碑帖选萃》，从施先生生前搜求并珍藏的几千件历代碑拓中，精选二百四十多品，排比影印，使有声学界艺林的北山楼碑拓宝藏中的精华，终得面世；而施先生门下王兴康先生所撰序言，更从学术的角度，对这批伴随主人几十年有关研究的珍藏，以及作为其"北窗之学"的金石碑版研究历程和成就，做了系统的介绍和全面的评述，颇可一读。再是施先生长期执教的华东师范大学所属出版社，将施先生平生所撰有关金石碑版研究的主要著述七种，集为《北山金石录》上、下两册，出版印行。其中既有已刊易获的《金石丛话》《唐碑百选》，也有绝版难觅的《水经注碑录》《北山集古录》，更有遗稿首刊的《太平寰宇记碑录》等，不仅甚便读者，且有功来学。最近，又见崔耕先生取施先生与其谈碑论学的历年书札近七十通，原貌影印并附释文，汇为《北山致耕堂书简》，遂将个人缘福，公诸同好分享。凡此，皆使原本就爱好关注此道的有兴趣者们，又因资材的丰富便利，更增添了品赏研读的乐趣。

具有悠久传统的金石碑版之学，到清代乾嘉朴学全盛时期，开始渐成显学之一。昔人据其侧重不同，又有所谓考据、鉴赏两派之分。前者以《金石萃编》作者王昶（兰泉）为代表，考碑录文，证补史事；后者以翁方纲（覃溪）为代表，旧拓新本，校列异同。及至后来，此学益盛，更有兼取两派各自所长的综合研究，如柯昌泗先生在《语石异同评》中，即推罗振玉为"兼兰泉、覃溪之长"的一代名家。而施蛰存先生的研究，亦以考史为主，故其用力之勤，多在对《水经注碑录》《太平寰宇记碑录》，以及从《后汉书》《晋书》《齐书》《陈书》，一直到《魏书》《北齐书》《北周书》《隋书》，乃至《蛮书》等"诸史征碑录"的钩稽考校上。其《北山楼金石百咏》中还记："唐碑三百志千通，证史频收意外功。安得萧闲从凤愿，纠新补旧事专攻。"并有自注曰："近百年来，唐碑志大出。以之证史，辄有可以纠补两家《唐书》者。余尝欲集前贤考证唐碑资料，益以所自得者，撰《两唐书碑证录》，犹未有暇晷也。"同时，施先生也关注碑刻中的书法艺术："书到欧虞入化工，南强北胜妙交融。丰碑百选腾光焰，却怪卑唐论未

施蛰存先生在其珍藏的碑拓前留影

公。"因有《唐碑百选》,"尽抉菁英,颇以康长素卑唐之论为谬"。皆从书史着眼,品碑论艺,而非单纯斤斤于存字多寡、点画损泐。因此,从《施蛰存北窗碑帖选萃》等图录及相关资料中,知其所藏虽颇全而有系统,且多收能存碑刻形制全貌又无内容文字错失的整纸全拓,而绝少宋明古拓、孤本秘笈之类。此固然与其一介书生的财力有限相关,但也由此决定了其取舍之下扬长避短的收藏、研究特色,正如其友人周大烈先生所评:"昔人论列藏书家有五等,今足下可谓读书者之藏碑。"而周退密先生谓:"金石之学,自欧、赵著录以还,上之则以考订史事,其次则以通古今文字,下之则以尚论书

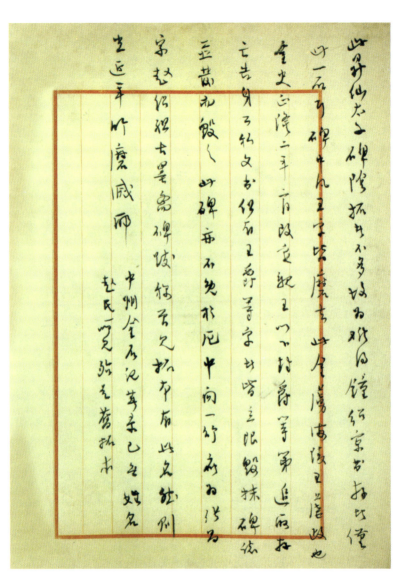

施蛰存先生唐碑题跋手稿

法……足下比年广搜墨本,既用证史,亦以识字,复以之论书。学养之富,用力之劬,克绍前修矣。"则又道出了取舍间的传承,特色中的贯通。尤其要指出的是,施先生当时的收藏研究,是在显学已成冷门、传统多趋式微、本人又"名挂党籍,文字在禁锢中;凡有著述,皆不得问世"的困境之下,重拾旧好,不甘虚度的寄托和坚持。而一旦形势改观,面对各类眼前"任务"杂事,却反又无暇再顾。此中情形,施先生在其相关著作的自序和后记中,时有述及;而收入《北山散文集》(华东师范大学出版社2011年版)中的《投闲日记》《更生日记》,以及部分书信,乃至崔耕先生专书所录诸札,则更多详记。有兴趣者,可细读互观。

对自己的研究,施先生在《北山集古录》自序中,曾有评价:"收了许多金石文的拓片,看了不少金石考古的书籍,对于文字学、史学、款识学各方面,多少有一点新的知识,也学会了一些研究方法。有时对前辈学者的议论有些不同的意见,或自己有新的悟入,于是不自量力,也写下了几百篇所谓'金石题跋'。自己知道是外行人混充内行,行家看了,一眼就能发见谬误。"其实,不是"专业"出身的施先生最初接触碑帖,也许真只是一个有兴趣的"外行"。而经过几十年的搜求把玩,又在沉寂中潜心研索,最终不仅成了名副其实的内行,并且还一点一滴地成就了其博大精深、自具心得的"北窗之学"。无论是系统十卷的《水经注碑录》,还是《北山集古录》诸编中所收各类金石题跋,皆广征史传地志、类书笔记、金石字书、历代著录及其他相关资料,梳理排比,多正旧说之误,时补前贤未及。其跋《汉白石神君碑》,更针对翁方纲《两汉金石记》中谓此碑"题名"称名称字及先后次序等"勒碑时固无一定之例,特偶有先后详略"之说,通过排比分析包括《溧阳长校官碑》《张纳碑》《刘熊碑》《韩敕碑》《杨震碑》等在内的诸多汉碑题名的特征、规律,复以文献参证,指出:"汉碑题名,凡尊者必具书其郡县讳字,位卑者或省其字,亦有字而不名者。"再据汉代职官制度,论列此碑题名诸人官位职级尊卑高低之序,并比照《三公山碑》《无极山碑》等相关碑刻题名,考定"此碑题名先后次序,亦非偶然",从而归纳出汉碑题名及序次之例。这种被前人称作"括例"的探讨,是传统金石学向来极为重视的研究之一。从元代潘昂霄《金石例》、明代王行《墓铭举例》和清初黄宗羲《金石要例》的"金石三例",到后来吴镐《汉魏六朝志墓金石例》《唐人志墓诸例》、王芑孙《碑版文广例》、冯登府《金石综例》、刘宝楠《汉石例》等,都是此中传世名作。正如台湾学者叶国良先生在其《石例著述评议》(收入氏著《石学蠡探》,大安出版社1989年版)一文中指出的那样:

> 金石文字,古人所重。故刊石勒铭,必有通义,常例;或别出心裁,则有殊义,特例。是义例实与金石之有文字并兴……然古人多不自言义例……及世殊事异,后人尤未

必详悉古人之义例。顾治金石文字，不详古人义例，则不知其要旨。是欲知其要旨，必广求金石文字归纳分析之，括其常例、特例，以求通义、殊义，此治金石文字者必务之事，非特考证之需或撰文之资而已也。

则知施先生此跋小中见大，自具意义；而其功力造诣，亦由此得窥一斑。至其为一般普及撰写的《金石丛话》（中华书局1991年版），又以论说精到的学术含量、言简意赅的恰好篇幅，加上浅显生动的白话叙述，将那些繁复难懂的名词概念、必须知道的基本常识和关键所在的要领重点，以及从先秦一直到唐朝历代金石碑刻主要概况等，都讲得清清楚楚、明明白白。故虽戋戋小册而一印再印，几成今日初问金石碑版之学的入门首选。

在甘苦自知的收藏研究过程中，施先生常有其"发现之乐"。1976年，崔耕先生寄来唐王知敬书《武后发愿文》残碑拓片，施先生回信十分兴奋："宋以后，只知有《天后少林寺诗书碑》，而不知另外还有《发愿文》。现在你找到这一块七百年来无人知道的残碑，实在使我惊喜万分。"并提醒："这块《发愿文》残石的下半截，如不粉碎，可能还找得到。万一找到，岂非更大的喜事。"因为"旧社会知识分子是否定武则天的，关于武则天的撰述及石刻，向来没有好话。《升仙太子碑》是唯一的现存武则天撰并行书的石刻，但著录碑刻的人，都不谈武则天的文章和字迹，而只谈碑阴的钟绍京与薛稷的字迹。现在这篇《天后御制发愿文》，又是一篇武后著作。内容虽然不会有特出的见解，总是一个武后文献。此文我不知《全唐文》中已收了没有，估计是没有的，因为无人提到过。如能找到下半截，录得全文，岂非又多了一篇武后的文章"。不久，知此残碑得到妥善安置，施先生在致崔耕先生的信中，更有欣慰："《武后发愿文》已移在室内，这半块王知敬可以不再损坏，都是好事。"（1976年8月23日）1983年，施先生在香港《书谱》杂志发表《嵩洛新出石刻小记》，又专门著录此碑，并经过进一步查考，知"明于奕正《天下金石志》有此目，谓永淳二年九月立"，修正了原先认为此碑"七百年来无人知道"的说法，同时还指出："于奕正书皆裒集古记成之，未必目验，则此碑湮没，殆数百年矣。一旦发露，虽断残，亦足珍异。"而这样的访碑觅拓、研究发现，"卅年来，此事已成痼癖，欲罢不能。只要知道有一个新出土的石刻，总想搞一个拓本来开开眼界，创造记录"（1978年8月22日致崔耕）。1981年，当施先生从崔耕先生信中得知在少林寺壁间一块石刻背面发现了隶书《秦王告少林寺教书碑》时，高兴地称之为"大发现"，并马上要求："此碑拓出，务恳赐我一本。我好久无法得碑拓，故已兴致阑珊。希望你随时来刺激、鼓励。"（1981年5月15日）其"发现之乐"，又一次跃然纸上。至1981年10月25日，又复信对崔氏所撰介绍此碑的初稿，提出修改意见，并专门拟列具体提纲。虽为指导崔氏，但亦可视作其研究此碑的思路和心得：

《秦王告少林寺教书碑》

1. 先叙述一下此碑故事。

2. 次序述此碑历代著录（《金石录》至《金石萃编》）。

3. 说明近代所见《秦王教书》，都是刻在《少林寺碑》上方的文字，是楷书，与裴漼《少林寺碑》笔迹同，故近代著录只有《少林寺碑》而无《秦王教书碑》（二者已混同了）。

4. 但《金石录》著录既有隶书的《秦王教书碑》，又有楷书的《少林寺碑》，不应该一石二目。

5. 到顾炎武《金石文字记》，才对此发生疑问，他以为《秦王教书碑》可能是另外一碑，不是《少林寺碑》。

6. 最后叙述近年在金明昌所刻观音像碑后面发现隶书《秦王教书碑》，才证明《金石录》所云"隶书"不误，也证实钱大昕所猜测的"指碑额而言"是错误的，更证实了顾炎武的怀疑有卓见。

后来，施先生在《嵩洛新出石刻小记》中，又据"碑题云太宗文武圣皇帝"，推定"立此碑时已在世民身后矣"，并指出赵明诚《金石录》"误武德四年为二年，又以为是立碑之年，皆失误"。

1988年，故宫博物院碑帖专家施安昌先生，在《书法研究》发表其当时实地访碑后所撰《嵩山访碑及佚碑考》，文中提道："若有封存于库房者，未及调查，是为遗憾。"则其所录中有《天后御制诗书碑》及楷书《秦王告少林寺主教》二刻，而未及《武后发愿文》和隶书《秦王教书碑》，大概也正因为此故。其实，这样的遗憾，对所有的访碑觅拓者来说，恐怕都曾会有类似的经历，即使是多享"发现之乐"的施蛰存先生，也不例外。1973年，天津附近的武清县出土了一块东汉《雁门太守鲜于璜碑》，其书法风格与传世汉碑名作《张迁碑》相近，且更丰厚，堪称难得佳品。施先生获悉之后，照例想方设法，辗转托人，开始了对拓本的觅求。《北山散文集》所收"致张索时（厚仁）"诸信中，留下了当时的话题：

> 天津博物馆有人认识否？有一块新出土的汉碑（《鲜于璜碑》），我希望购得一个全拓本。你如有人认识，可否设法问一下，有无办法？（1975年6月10日）
>
> 《鲜于璜碑》和另外一个南阳出土的《许珂（阿）瞿墓志石》（带画像），都已见于去年八月号《文物》杂志。因此我知道这两块汉碑都是好东西，我极想得到一个拓本……我为这两块碑请托了许多朋友，南阳的《许珂（阿）瞿墓志》总算在上月得到了，是一个在开封的朋友，辗转认识了一位在南阳做文物工作的青年，帮我拓得的。今天你这封信使我对《鲜于璜碑》的希望死灰复燃，希望转请你父亲的朋友，为我设法买一个全张整拓。此石两面有字，故一份该有二张，再加碑头二张（正背各一张）。如能得到这一全份，无论什么条件都可以从命，拜托拜托。（1975年7月17日）

但此事好像并不顺利,虽然施先生还是充满期盼:

> 《鲜于璜碑》我看颇不容易,要急,更不可得。还是请你随时抓机会。有机会而没抓到,是可惜的。没有机会,那也无可奈何。(1975年8月1日)

其实,施先生及其友人有所不知的是,此碑当年传拓极少,一般人根本无缘获取。故宫博物院碑帖专家马子云先生《碑帖鉴定》(广西师范大学出版社1993年版)中曾记:"(1973年)10月由天津文管会运至天津历史博物馆……在出土处拓一纸,甚劣。我于12月赴津,一周内拓十五份,内三份较精,一般者十二份。予存留一般者一份。"而北京另一长期经营书画碑帖的专家马宝山先生,在其《书画碑帖见闻录》(北京燕山出版社1997年版)中也记:"将碑移天津博物馆后,曾拓十份,分赠有关单位及首长。"所以,虽不知情却无法觅获的施先生,也只能以自己的经验,劝解友人:

> 《鲜于璜碑》事不必着急也。无可着急,总要等机缘凑合、水到渠成。我买碑也是如此,只能买遇到的,无法买希望中的。如果有一天遇到的恰恰正是希望中的,那就是天大的巧遇。(1975年8月23日)

但是这一次,这种"天大的巧遇"最终好像并未出现。于是,

东汉《鲜于璜碑》

事隔一年左右的 1976 年 6 月 27 日，施先生已在信中有这样的附言："《鲜于璜》碑文，胡君已给我抄来了。他说还可能弄一个照片来。"至于后来施先生在复香港《书谱》杂志吴羊璧先生的信（1984 年 11 月 22 日）中所称："《鲜于璜碑》亦已寄到，谢谢。"应当已是那边的影印之本了。

虽然施先生玩碑考古，多在其人生中不得已的闲寂岁月，正如其《北山集古录》自序中所言："我在一九五八年以后，几乎有二十年，生活也岑寂得很。我就学习鲁迅，躲进我的老虎尾巴北山小楼里，抄写古碑。"但仍有小范围的知己同好，过往交流，赏碑谈艺。其中以周退密、邵洵美、徐声越等同在沪上的好友居多。今就其《投闲日记》所记，稍录数则，以见当日情形之一二：

（1963 年 2 月 5 日）下午访问周退密，见君车画石朱拓本，甚佳。有褚德彝题诗，谓是鲁峻墓上画石。此不知何据，似未有人言及。

（1963 年 6 月 9 日）下午访洵美，得见其所藏《七姬权厝志》原石拓本，有王敬美、王鉴二跋。查叶鞠裳《语石》卷四云："宋仲温《七姬权厝志》闻归邵小邨中丞，或云在徐子静观察处。"即此本也……此拓本墨色古雅，字迹遒劲苍润，自是元墓志第一品。

（1963 年 6 月 26 日）晚访邵洵美，假其《七姬志》归。

取珂罗版印本校阅。

（1963年8月18日）访周退密，假其所藏《君车画像》拓本以归，赏玩竟日。

（1964年2月10日）访周退密,以暑中所假《君车画像》拓本还之。复假得《嵩山画像》全份十九帧，亦佳物。

（1965年5月19日）晨，至校中图书馆，看徐乃昌藏碑拓四十种，皆造像。下午，访邵洵美，始知渠家所有碑帖一千四百种，皆为家人尽数卖去，仅得一百四十元，可惜矣。

（1965年9月3日）从徐声越假得《吕超墓志》，以校顾鼎梅所录文，写定之。

而不在上海的启功、程千帆、李白凤诸友，则又和施先生以碑拓远道互寄，或赠或购：

（1963年6月30日）启元白惠寄昭陵碑全份二十八种今日递到，得之可喜。取《金石萃编》校读，泐损更多矣。待买罗叔蕴《昭陵碑录》细研之，今犹未遑也。

（1963年7月31日）作书答启功，并寄以碑一包四十三种，聊以偿昭陵碑全份也。

（1964年6月14日）李白凤寄来碑三卷，凡十许种。已有者多，殊不惬意。

（1964年7月13日）为李白凤购寄《西门豹祠堂碑》

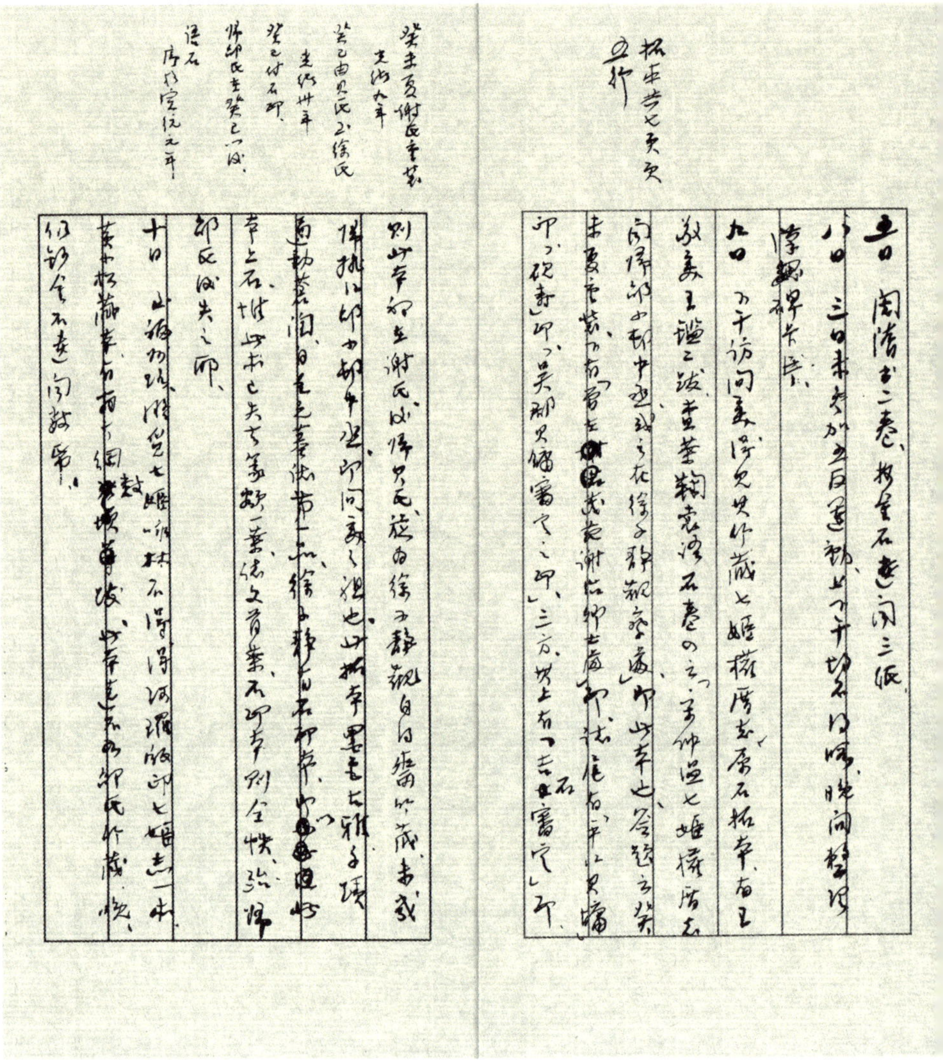

施蛰存先生日记手迹

及阴,又《曹子建碑》。

(1965年12月9日)程千帆寄来碑一大包,只有九种佳,余皆杂刻。价廿五元,一时尚无以偿之。

(1965年12月10日)阅千帆所寄碑,惟寇氏四志甚佳。

(1965年12月15日)卖去西书卅四本,得五十元,将以付千帆碑价。

此外,1971年施先生《北山楼金石百咏》完稿后,曾油印分致友人同好,又先后有唐兰、容庚、周大烈、程千帆、陆维钊、胡士莹、周退密诸先生,品评切磋,以为乐事。

在当时的形势下,虽然这样的同好和往还,已绝对不入所谓的社交"主流",但从大家都乐此不疲的参与中,似不仅可见当年在传统知识分子圈内,私下里对此道有"闲心"雅趣的,仍有其人;更能知在那些岁月里,如施先生在其《北山楼金石百咏》诗注中所说的"岂敢云借琐耗奇,姑以无益遣有涯而已",大概也不仅仅只是他自己的个人心态和生存方式了。

如果说"金石之交"除指缘金石碑版共同爱好而相交为友之外,还能比喻朋友之间那种堪比金石的坚久情义的话,则施先生与著名篆刻家陈巨来先生的交谊,可谓名副其实。据施氏《闲寂日记》(文汇出版社2002年版)1963年10月15日记:"晨,谒尹石公,以鹓雏诗集请其覆定,并以所录诗呈之。陈巨来适在座,因以定交。"亦即日后施氏为撰《安持精舍印賸序》(收入氏著《北山谈艺录》,文汇出版社 1999 年版)时所忆:"岁癸未,余自闽中归省,闻有印人陈巨来号安持者,出赵叔孺门下,方以元朱印驰声海上。越二十年,于尹石公斋中始得奉手。清且癯,温而恭,雅士也。自此时有过从,常得观其所业。"至 1974 年春,自己尚未完全"更生"的施先生,知陈氏从谪遣之地劫后余生、幸得回沪的消息,即"以诗申慰":

> 十年钩党事难知,失喜东坡竟尔归。石破天惊犹此手,凤鼗鸾铩岂低眉。欲持直道宜三黜,莫望神都赋五噫。时世方尊荆国学,何妨多集半山诗(君好为集句诗)。(《北山楼诗》,华东师范大学出版社 2000 年版)

而在《安持精舍印賸序》中,施氏除赞陈氏"以元朱文雄于一代"的篆刻造诣之外,更表其人品风节:

> 余与安持交既久,投分日深;又知其为贞介绝俗之士。初膺迁谪,再罹浩劫。妻女饥寒,身病几死,其遭际可谓酷矣。而安持夷然自若,默尔无忤……安持书既成,要余为序。余谬托交末,不敢辞。安持之艺,既具于此编,观者当自有评泊。余非长于此道者,何能饶舌?然安持之为人,此编所不能著,余故表其为贞介之节,使后生君子,知雕虫之技,得于一,亦立于德也。

读此，又可见施先生金石学问以外，于朋友道义之品德。而据施氏《更生日记》1982年9月7日记："晚，为陈巨来捉刀撰《斗盦藏印》序。"更能见两人交契无间之情。斗盦者，日本印坛名家小林氏也。又不久前颇有热议的《安持人物琐忆》，据操持此书最终出版的友人陆灏先生见告，实是当年陈氏陆续写在大小不一的纸片上，寄给老友施先生在闲寂中解闷的话旧遣兴之作。施先生读后，珍藏多年。又为谋刊行，郑重托人；几经周折，遂得问世。虽已在施氏身后，然亦可谓既不负老友当年真情雅意，更增添艺林今日美谈佳话。

斯人已矣，金石长存。

碑帖鉴赏：今天和昨天

20世纪50年代，前辈学者潘景郑先生编撰的《合众图书馆石刻拓片分类目录》油印成书，为全面系统了解乃至利用这批已经归入上海图书馆的特藏，提供了难得的便捷之径。自此之后的五十多年中，未见有同类相关者续出，故世人但闻上海图书馆所藏碑帖之精且富，而于其详细究竟，则多不甚了了。2013年，以"上海图书馆碑帖宝藏守护者"自勉的仲威先生，从其近二十年碑帖整理的原始工作笔记中，选出一百四十余篇，详录每件碑帖的刊刻年月、撰书姓名、行款尺寸、拓制时代、递藏源流、题跋考订等，撰为《善本碑帖过眼录》，由文物出版社刊行。虽然只是其有计划地介绍馆藏碑帖精品的点滴初始，但还是让有关研究爱好者们，有了期盼已久的欣喜和兴趣浓厚的关注。近日，其又取历年陆续发表的在编撰《上海图书馆善本碑帖综录》中所积校碑札记和研究心得，汇作《碑帖鉴定要解》（以下简称《要解》），更让人看到，无论是梳理已经定级的国宝珍品，还是发现久被尘封的善拓遗珠，都交织着作者长期付出的艰辛和一旦收获的喜悦，而其中不少内容，或许还能成为同好们学习分享之余，进一步思考探讨的启示和话题。

《善本碑帖过眼录》前有仲威先生自序，开首即谓："上海图书馆藏有25万件碑帖拓片，其中能够称为善本者，约有3000余件，可谓百里挑一；能够达到国家一二级文物标准者，约有300余件，堪称千里挑一。"则该馆所藏碑帖，数量既丰，善本亦复不少。故其撰《要解》诸篇时，坐拥宝库，有得天独厚之利，参校排比，多所取资；甚至能数本互勘，并几联校。勤勉之下，时有发现，所获往往非同寻常。如《要解》中记2005年6月其在"上海图书馆故纸堆中意外检得一册《龙藏寺碑》，楠木面板上有民国十五年（1926）朱士林（半亭）题签"，册后"有道光十四年（1834）九月诸星杓（味青）过录《潜研堂金石文字跋尾》《集古录》《虚舟题跋》中关于《龙藏寺碑》的著录内容"，以及"诸星杓将此本碑字与《金石萃编》录文对比的校勘后记"等。因碑面泐损石花似有僵硬、雕琢之状，尤与上海图书馆另藏该碑存世最早的元明间所拓唐翰题旧藏"张公礼未泐本"，风貌迥异，遂疑其为翻刻，"存疑待定"。而六年之后，又见朵云轩藏该碑明末清初淡墨所拓的"李东琪跋本"，与之十分接近，"旋将'诸星杓跋本'与'李东琪跋本'做一校对工作。但当务之急不是比较版本优劣，而是判定是否同出一石。如何鉴定是否同出一石呢？看文字？非也；看石花？非也。因为翻刻本也会顾及这两点，校勘文字与石花反倒吃力不讨好，应该是看'石质痕'，诸如石钉、石筋、石裂纹，等等。这些如同人的指纹，是恒定不变的。加之'李东琪跋本'又是淡墨拓本，更易于分辨'石质痕'，因为石面稍有凹凸高低，拓本马上就会显现墨色浓淡的交界线，通过校勘分界线的形状和走势来比对异同，这种'石质痕'是无法伪造的。结果发现，二本确实同出一石"。而"将'诸星杓跋本'误以为翻刻的另一原因，就是过去看惯了上海图书馆收藏的《龙藏寺碑》最佳拓本——唐翰题旧藏本。此本浓墨重拓，间有涂描，故原碑上石质痕——'钉点石花'完全被墨色覆盖；又因拓工稍次，字口反不及'诸星杓跋本'挺括"。于是总结出："当年若是勤勉校勘，只要找一本清代干净拓本比对'石质痕'，问题马上就能迎刃而解。"所以"校碑既要'往上看'（看善本），更要'往下看'（看近拓），校碑书籍中记载此字损、那笔泐，若光看善本旧拓是得不到真实感觉的，只有看到后拓、近拓，才能明白损泐到什么程度，找到校勘的分寸感"。这样的心得见解，绝非泛泛，首先就离不开对该碑各种拓本的熟悉与掌握。至于要进一步搞清"诸星杓跋本"的拓制年代，则更需有众本的比勘互校。《要解》作者即以上海图书馆库中的"唐翰题旧藏本"（元明间拓本）、"龚心钊藏本"（清初拓本），及朵云轩所藏"李东琪跋本"（明末清初拓本），与之一一详校，最终确定：此"诸星杓跋本"应当是次

隋《龙藏寺碑》诸星杓跋本

于元明间所拓"唐翰题旧藏本",但却明显优于明末清初"李东琪跋本"的明中期拓本,"洵为'天下第二本'",从而为上海图书馆又发现一本《龙藏寺碑》国宝级善本"。

　　这样的"天下第二本",在上海图书馆的碑帖珍藏中,似不乏常见。如汉碑名品《张迁碑》,今存世最善者,当推现在故宫博物院的朱翼盦旧藏明拓"东里润色"不损本,而《要解》中《〈张迁碑〉善本辨析》一文所列曾经蒋氏赐书楼、程氏五凤砚楼及邓邦述等递藏、首行"焕知其祖"之"焕"字右下捺笔未泐的明末拓本,正是上海图书馆所藏、仅次于故宫"东里润色"不损本的珍稀佳拓。又如《〈天发神谶碑〉善拓排比细说》中所述上海图书馆藏赵氏天放楼旧物的明末拓

· 093 ·

本，相较于故宫博物院中传为宋拓的罗振玉、朱翼盦递藏之存世最早拓本，虽其重要考据点第十八行（中段）"敷垂亿载"之"敷"字左下角"方"部及"垂"字左上角等处皆已微损，但中段第十八行"吴郡"二字及第十九行"工陈"二字残笔，却尚仍其旧。更可一提的是，故宫藏存世最早本中，还有文字缺失，正如该本后朱翼盦长跋中所记："惟此本第二段第六行'己酉十四日中'之'中'字，第十一行'未解以八月一'之'一'字，第十二行'将军裨将军关内'之'内'字，第十三行'二字合五十桼'之'桼'字，第十四行'络典校皋仪备'之'备'字，第十六行'并共观视深甄厤'之'厤'字，第十七行'太平文字炳朖天'之'天'字，第十八行'刊铭敷垂亿'之'亿'字皆阙。此盖由当时字未剔出，或因纸短失拓，在宋拓汉石往往而有，不足为怪，议者其毋病诸。"而上海图书馆藏赵氏天放楼明末拓本的相应情况则是：除"中"字亦失之外，"一""内""备"三字均存大半，"厤"字仅泐"曰"部，"桼""天"二字皆全，仅个别笔画稍泐。尤其是"亿"字，虽有风化，但仍可辨识；而至清初以后所拓，即泐损极甚，已几不成字。

上海图书馆另有明拓唐褚遂良书《伊阙佛龛碑》，为清初金石学名家叶奕苞（九来）旧藏，虽因首行"藏室延阁"之"延"字笔画间已有泐损等，只能位居国家图书馆所藏该碑存世最旧拓的明代何氏清森阁本之后，然笔者尝取2007年5月西泠印社出版社原色精印的何氏清森阁本，与上海图书馆叶氏旧

叶奕苞旧藏明拓唐褚遂良书《伊阙佛龛碑》

藏明拓原本细校，不仅上图本中多处可见部首或部分笔画之残字，在何氏清森阁本中已都基本剪失，且第一行中"（其教）始于六经其流分于百氏莫不美天地为广大"十八字，也全数阙如。以何氏清森阁本行款每面三行、行六字计，恰为整整一面。再检视20世纪60年代文物出版社珂罗版影印该册之本，亦无此面十八字，则基本可以推知，国家图书馆藏元、明间所拓之《伊阙佛龛碑》何氏清森阁本，虽为该碑存世最早拓本，但却有残缺之憾。而这样的"美中不足"，在那些存世碑帖的善本中，好像并非个别，如中国国家博物馆藏有"史晨前碑"《奏铭》，为该碑存世最早的明初拓"阐字本"，就只存前半部共九行；香港中文大学文物馆的汉《西岳华山庙碑》顺德本，也是该碑现在仅存四件拓本中的最早宋拓，然偏缺其中二开。又据《善本碑帖过眼录》及《要解》介绍，上海图书馆有二本同列国家一级文物的宋拓唐欧阳通《道因法师碑》，其中那本王存善旧藏者，确是比另一潘志万旧藏南宋拓本稍早的北宋拓本，却佚失一开计八十字，碑额也为光绪二十八年（1902）王氏以明拓配补，册尾并附王氏同年三月所作"《道因碑》校勘表"等。王存善（1849—1916）字子展，浙江仁和（今杭州）人，光绪中署知海南，官虎门同知。后至上海，擢保道员。家富藏书，伦明《辛亥以来藏书纪事诗》（北京燕山出版社1999年版）记其："手写陶诗貛小市，眼明宋集宝高斋。岭南有吏都超俗，但论收藏趣自佳。"所收金石碑拓，尤多精好者，且手自校读，颇用心力。笔者曾于雅好金石碑版、多收善拓名品的友人陈郁先生处，共赏其珍藏的唐颜真卿《多宝塔碑》明中期精拓，亦为王氏旧物，不但因第十四行"塔事将就"之"事"字"口"部、第十九行"写妙法莲花经一千部"之"莲"字"车"部、第二十四行"方寸千名"之"千"字、第二十五行"禅师克嗣其业"之"克"字"口"部等皆完好，而胜于上海图书馆那本被列为国家二级文物的明末清初之拓，且全册各页裱边空白处，多有王氏细楷批较，从头至尾，一丝不苟。末页则题："光绪三十二年丙午（1906）十一月长至日在上海装竟，存善写记。"真难得佳物也。更有名者，如现已分藏美国弗利尔美术馆（卷一至卷八及卷十）和上海图书馆（卷九）的宋拓《淳化阁帖》绍兴国子监本十卷，20世纪初未拆散时,也曾在王存善处,并有其乙卯(1915)长跋考校。王氏所藏,传至其子克敏后,最终尽散。克敏字叔鲁,《辛亥以来藏书纪事诗》中,亦列为一家。然其投靠日寇、充当汉奸,似较其父更加"有名"。

《要解》各篇中,还有一些通过作者处处留意、静心细究而获的特别发现,如"初上手时以为寻常之本,既无古锦面板,亦无楠木面板外护,近乎'裸本',封面满布灰尘"的《曹全碑》"俞复藏火烧本",因"拂尘开卷细观,每页底端有火烧痕迹,各行烧焦半字,所烧之字仍能隐约可辨……马上联想到王壮弘先生《增补校碑随笔》所载《曹全碑》影印本中有文明书局影印,'每页下一字为火烧残,有俞复题记'云云",于是由其末页所附俞复昔日旧题影印件入手,多方考校,知其不仅确为民国间文明书局影印底本,且属仅下此碑最初拓"因字未损本"一等的"明拓未断本",弥足珍贵。又如同为当年文明书局影印底本的北魏《司马昞妻孟敬训墓志》沈景熊旧藏乾隆初拓本,也一直躺在上海图书馆库房里,"马粪纸面板极不显眼……一直未经文物定级,册中有几页中缝处已添虫蛀,所幸未伤及字口"。直到1996年初,才被《要解》作者偶然检得,几经研究考订,知其还是经清代金石学大家王兰泉(昶)题跋的《金石萃编》工作底本,不禁"为之狂喜",遂于2012年将其选入"翰墨瑰宝"第二辑中,由上海古籍出版社原色精印行世。其实,近年来上海古籍出版社"翰墨瑰宝"三辑二十种、特辑"四欧宝笈",上海人民出版社《宝晋斋法帖》,以及即将推出的龚心钊旧藏《九成宫醴泉铭》宋拓宋装本等,均为上海图书馆善本碑帖中的白眉,而上海书画出版社"中国碑帖名品"系列中,不少引人瞩目的珍本佳拓,往往也出自上海图书馆所藏。于是,所有这些本子,除去其原有的文物身价之外,又成了如今的"影印底本"。而"影印底本"的文献学术意义,原在于通过参照相对已经定格于某一时刻的影印之本,考察、比较其变化异同,从而为有关研究提供新的视角。《要解》作者就曾从吴湖帆"四欧宝笈"之一《化度寺》原石宋拓孤本的民国影印之本与现存原本的细勘中,发现了其首行开头第一个"化"字"匕"部之撇是否穿过浮鹅钩的不同,进而分析、揭示出吴氏慑于敦煌所出《化度寺》残本的"权威性",竟涂描自藏原石真本以"削足适履"的"弄巧成拙"。而这个重要发现,也就成了后来屡被称引的校碑名例。

面对绝大多数善本碑帖归入公库后基本无人再加题识的情况,《要解》中有这样的感慨:

> 善本碑帖著名者,其后名家题跋多能互相印证和联系,由此可见其当年"受宠"程度。尤其是清乾、嘉时期,名碑名拓在金石学者和士大夫家族间广泛传阅和校勘,彼此间留下了大量的名家题跋和考证,文物价值在提升的同时,其学术价值亦在同步叠加,此时的碑帖文物是"活"的;

> 如今碑帖善本一旦进入博物馆，再后续无名家题跋，就变成了"死文物"。

这确实是一个值得思考的问题。不过，其中不少具体情况也许略有复杂。虽然《要解》作者注意到，"上海图书馆藏有善本无数，当年拥有诸如顾廷龙、潘景郑、瞿凤起等一批版本目录大家，但馆藏古籍碑帖极少留下他们的手迹"，并叹惜"顾廷龙、潘景郑年近七十岁时，许多图书馆同人都不知道顾、潘二老擅书法，看来厚古薄今损失不小"，但相比那些不拈斤两、自以为是地在名迹上胡题乱涂、佛头着粪的愚昧狂妄之举，前辈们在国宝珍品、先贤遗泽面前的那种敬畏审慎，尤令人肃然。当然，更可能的是，这些东西一旦成为"国家财产"之后，有严格的保管制度，一般不允许或者说人们也不敢轻易去"惹是生非"。所以，在这类问题暂时未能得到妥善解决之前，先对那些长期沉睡甚至湮没在库房深处的名品，进行整理发掘，也许不失为另一种意义上把"死文物"变成"活文物"的可行之道。如《要解》开篇所述2011年从上海图书馆普通库中发现的《石鼓文》吴昌硕藏本，不仅是第二鼓"黄帛"二字未损的明中期之拓，并且也是被碑帖鉴定名家王壮弘先生评为"海内《石鼓》，以此为最"的珍本。王氏《崇善楼笔记》中，还记下了其当年未能入手的失落："此册因索价过昂，尚未售得，怅怅终日。甲辰秋月细雨绵绵，独坐无偶，追记于此。"同样，另一件被王壮弘先生赞为"极尽浑美秀韵之致"的陈景陶（憨斋）旧藏《董美人墓志》关中淡墨初拓整张,也是经过了几十年的"下落不明"之后,被《要解》作者从上海图书馆故纸堆中检出的"天下第一《董美人》"。

富藏碑帖珍本的著名画家吴湖帆先生,生前有一方闲章,曰"既丑且美",是其鉴玩隋志名品《常丑奴墓志》和《董美人墓志》的特制钤记,并还专填《丑奴儿慢·隋〈常丑奴墓志〉次蔡友古韵》及《哨遍·隋〈董美人墓志〉效稼轩括体》两词,后收入《佞宋词痕》卷二,皆可见其于此二志的宝爱之情、吟赏之乐。而吴氏所藏《董美人墓志》,除《要解》及《善本碑帖过眼录》中所记其壬申(1932)秋题赠潘景郑先生之剪裱本外,似尚有别本。友人顾音海先生与其同事佘彦焱女士合著《吴湖帆的艺术世界》(文汇出版社2004年版)一书中,曾记有"徐氏随轩蝉翼精拓本","第一开有吴湖帆所作的《哨遍·题〈隋董美人墓志〉初拓本效苏辛括体》,后收入《佞宋词痕》卷二……题词者有陈巨来、叶恭绰、冒广生、吴梅、程十发、褚德彝、陈曾寿、夏敬观、王季烈、黄炎培、马叙伦、黄宾虹、狄平子、冯超然、吕贞白等名人学者",并多录吴氏题跋。今择其中相关者,转录一二,以为说明:

> 余于丁卯五月,得此原石真本,制《哨遍》词于前,集宋人句成《金缕曲》题其后,并乞诸家题词者五十人,遍和之,都百阕,成巨帙,倚《洞仙歌》以殿尾……

上图：吴湖帆旧藏"徐随轩初拓精本"《董美人墓志》
下图：吴湖帆旧藏"徐随轩初拓精本"《董美人墓志》诸家题跋

余旧藏《常丑奴志》，颇欲觅此志为丑美伴侣。十年来搜录之勤，所得都三本，一即此册，淡墨笼纱，真如蝉翼，且锋棱毕现，自是石墨上乘；其一浓墨拓，嘉兴陆氏鬲鼎楼旧物；一为整本，拓最次，以未剪裁为可贵……壬申夏日，重与《常丑奴》《元仁宗》《惠云》《陶贵》《元智》《姬夫人》共装四册，题之。

今上海图书馆有抄本《袭美集》一册，内容亦为朱孝臧、王同愈、金蓉镜、叶恭绰、冒广生、冯君木、吴梅、褚德彝、周庆云、夏敬观、王季烈、黄炎培、马叙伦、黄宾虹、陈淮生、狄平子、邓邦述、冯超然、袁克文、陈方恪、谢玉岑、赵叔雍、汪旭初、陈定山、潘承谋、潘承厚、潘承弼、杨云史、冼玉清、吕贞白、瞿蜕园等六十一人，先后题咏吴湖帆所藏《董美人墓志》的辞章，以及吴氏逐首遍和之作，并多经吴氏亲笔校改甚至大段补录文字。前有吴氏自序，曰："丁卯之夏，获上海徐氏寒木春华馆所拓《隋美人董氏墓志》原石本，蝉翼笼纱，明光莹润，叹为得未曾觏。前有嘉定钱红稻（绎）署眉及二跋。曩余家传有金氏冬心斋旧藏《隋荥泽令常丑奴墓志》，因合装一函，题曰'既丑且美'，并征近人六十家题词，一一和之，合一百廿首。首为仿稼轩秋水篇括体例制《哨遍》词于卷前，又集宋人词句调《金缕曲》于卷后（并题《洞仙歌》为殿尾）。时余初习倚声，本不足存，聊以自玩而已。"知其应该也是当年的一个录存之本，且未最终完成定稿。而《要解》所记吴氏赠潘景郑（承弼）先生《董美人墓志》后夹附屈弹民、董寿慈、潘承谋、顾炜昌四家题咏词稿散叶，除潘氏之外，均不载于此《袭美集》中。又上海图书馆《历史文献》第八辑所刊上海博物馆藏稿本《梅景书屋题跋记》（佘彦焱整理）中，有标明吴氏自藏的《隋东宫右亲卫元仁宗》《隋慧日道场惠云法师》《隋士行参军张通妻陶贵》墓志合装册、《初拓足本隋太仆卿元公暨姬夫人墓志》册，若加上《常丑奴》《董美人》，恰合吴氏所记"共装四册"之数。而吴氏虽在壬申（1932）秋已将所藏的一册《董美人墓志》剪裱本赠予潘景郑先生，但其《丑簃日记》1933年3月22日仍有"谷孙来，为余题《元仁宗》《董美人》墓志观款"之记；《梅景书屋题跋记》所录《明拓唐思恒律师志足本》（自藏）的乙亥（1935）三月题跋中，亦谓："此拓当与《七姬权厝志》同为吾吴至宝，今与梁《萧敷》《王氏》双志，隋《常丑奴》《董美人》《元仁宗》三志及《七姬志》同贮，愿永宝勿佚。"至1937年2月17日，《丑簃日记》中还记："晚，巨来来，长谈甚欢。出《董美人志》重观，题观款一行，曰：'自丁卯迄今，十年以来获观不下数十次，丁丑正月巨来陈斝又观，因识。'如此题观款式，可知非泛泛初交、与帖无关者所能办也。（此册巨来为余代求题词甚多。）"同年8月13日，记"预备上海文献展览出品十种"内，又有"《隋董美人墓志》拓本轴"。奇怪的是，《梅景书屋题跋记》中，却未见《常丑奴墓志》和《董美人墓志》的著录、题跋文字，而吴氏所藏那本曾为金氏冬心斋旧物的《常丑奴墓志》，现则在上海博物馆。

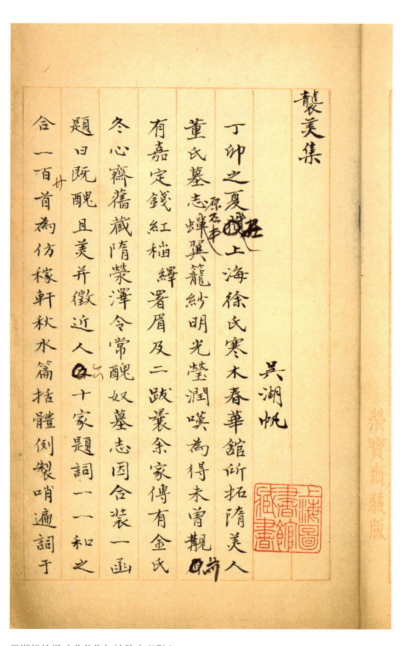

襲美集

吳湖帆

丁卯之夏晤姓上海徐氏寒木春華館所拓隋美人
董氏墓誌蟬翼籠紗明光瑩潤嘆為得未曾覯
有嘉定錢紅楢繹署眉及二跋叢余家傳有金氏
冬心齋舊藏隋縈澤令常醜奴墓誌因合裝一函
題曰既醜且美并徵近人廿十家題詞一一和之
合一百首為仿稼軒秋水篇括體例製哨遍詞于

吴湖帆编撰《袭美集》抄稿本书影之一

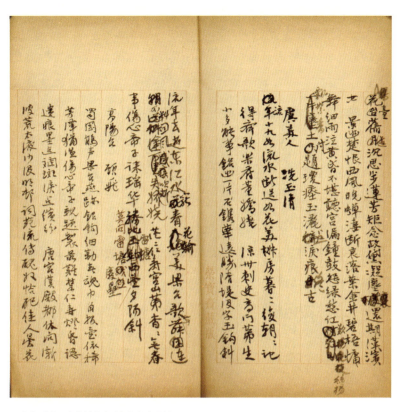

吴湖帆编撰《袭美集》抄稿本书影之二

也许因为和《董美人墓志》有缘，吴湖帆又常常为同好所藏，品鉴题咏，乐此不疲。王壮弘先生《崇善楼笔记》中著录的一本《董美人墓志》精拓整纸折裱册，即有吴氏题咏，并附识语，略谓："丁卯夏曾得隋《董美人志》精拓本，因集宋人词句成《金缕曲》。癸未夏日，纪群贤甥携示仲培吾兄亲家所藏此本，嘱录旧作。倩庵吴湖帆并识。"另有吴梅、蔡晋镛诸家，亦各录其昔日咏题吴氏藏本之旧作，重续墨缘，再成佳话。而现存上海图书公司的陈淮生（承修）旧藏《董美人墓志》册后吴氏长跋,更记下了他们之间至今令人艳羡的一段金石佳缘:"丁卯之冬,淮生道兄携示隋《常丑奴墓志》,与余藏冬心斋本相校勘,赏析竟日,各易题字,以识石墨胜缘。余并示以《董美人志》,意亦欲共观,而先生亦以此册未携为怅,盖《丑奴》《美人》俱隋志中铭心绝品、仅有之本也。吾二人俱双有之,岂非奇缘?戊辰冬日,访先生于寓斋,因得饱眼福,并属余录郑小坡题《西河》词及余和词于后。"今检《袭美集》及上海书店出版社2002年6月影印出版的《佞宋词痕》,似皆未收吴氏这首当年与同嗜金石的词坛名家郑小坡(文焯)的唱和之作,因据昔日在上海图书公司观赏品鉴时所记,移录附此:

青锁第,隋宫怨迹谁记?墨花蔫蚀旧啼痕,赋情往事。白杨孤陇意萧萧,斜晖犹媚林际。 埋香处,佳丽地,长安冷落罗绮。六朝秀色锦屏空,靓妆罢理。乱鸦暮雨最惊心,秋风时来时起。 美人渺渺极望里。叹高山流水空翠,千面金徽遗字。料玄房倩女香魂凝此,肠断斑斑相思泪。

也说文人与拓工

在具有悠久历史传统的金石之学中，以文人名流为主的鉴赏收藏诸家，对古代器物碑版传拓的投入热衷，以及他们与那些拓工高手之间的交流互动等，都是极有意思却又不太容易着手的冷门研究。因此，无论是作为个案专题的白谦慎先生所著《吴大澂和他的拓工》（海豚出版社2013年版，以下简称"白著"），还是相对宏观通泛的郭玉海先生所撰《晚清民国间的"名家传拓"与"传拓名家"》（载《故宫学刊》第五辑，以下简称"郭文"），无不体现出作者眼光独到的学术视角和根底扎实的研究功力。而作为向有兴趣的同好，喜闻乐读之下的掩卷之余，似意犹未尽，遂就平日关注所及，拉杂略说，以稍助兴。

白著开首，便从明末文人每以纸墨拓工相随、精心访拓的事例说来，再由清初金石学名家叶奕苞所记当时文人朱彝尊、曹溶的访碑活动，以及相关诗作记咏所反映的"在清初，金石学家遣拓工访碑拓碑，已成常例"，一直到这种访拓形成高潮的乾嘉时期的重要代表人物黄易（小松）一生访碑、拓碑，并且写访碑日记、作访碑之图等，从而引出与黄氏相去不远的吴大澂，心慕手追，不仅百计搜求黄氏《嵩洛访碑图》册等名作，且依样临摹，成《临黄小松嵩洛访碑廿四图》，更发愿仿黄氏之例，"拟自画访碑图三十二页，每页后附书考据一页，共成六十四页，可装四册"，并最终完成之种种，皆能见明清以来乃至近世，官僚文人中那些好古敏求之士，考索绝学、耽玩金石的流风雅韵，代有传承，乐此不疲。其实，不管是黄易还是吴大澂，其平日所作或所临的访碑之图，恐多不止一般常为人称道的那几件，吴氏之孙吴湖帆先生在《吴氏书画记》（收入梁颖编校《吴湖帆文稿》，中国美术学院出版社2004年版）中有记：

> 吾家藏有黄小松画《功德顶访碑图》小卷。按庞氏所藏《岱麓访碑图》册廿四景中有功德顶，其题记约略亦同，可知小松先生除自存三册外，即就其景写为卷为轴，尚不一也。又据潘省安处藏先愙斋公临黄秋盦《访碑图》八帧，又北平徐氏藏秋盦《访碑图册》十二帧，知黄氏在嵩、岱二游之外，所作《访碑图》尚有数种，而先祖所临，亦不止此一种。黄氏之留意石刻，可谓勤矣。

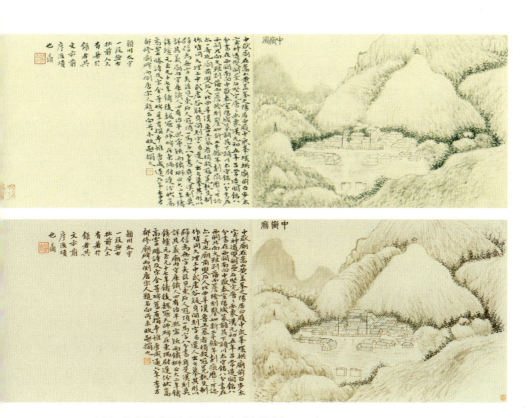

上图：清黄易《嵩洛访碑图》之"中岳庙"

下图：清吴大澂《临黄易嵩洛访碑图》之"中岳庙"

而年初曾读《东方早报》"上海书评"（2013年1月27日）所刊白谦慎先生大作《西方学术视野中的黄易及清代金石学》，则知原藏吴家的黄氏《功德顶访碑图》卷，今已归上海博物馆。又据谢国桢先生所记，昔日上海商务印书馆有《秋庵得碑图》影本，也是黄氏当年为访得"济宁五种"之一的汉《郑季宣碑》而作。尤其值得一说的是，著名碑帖鉴定专家王壮弘先生《崇善楼笔记》中"《嵩山太室石阙铭》（宋拓剪裱本）"条下，记该本"前后有郑簠（谷口）、吴让之（熙载）、沈树镛（均初）、俞曲园（樾）、吴昌硕、褚德彝等人题记……吴大澂作《嵩岳访碑》及《中岳庙》二图，王震作《得碑图》，郑斋作碑文释图……每一开卷，墨香四溢，神采照人，真佳拓也"。承同好友人上海图书公司总经理朱旗先生雅意，专出其公库所藏此册原本，对几共赏，不仅有难得眼福之缘、上手细品之幸，且由册中吴大澂光绪十八年壬辰（1892）为沈均初之子补临《中岳庙图》之题记，知同册另一帧应"郑斋索画"而作的《嵩麓访碑图》，当成于1872年许。又近代著名画家王一亭所作《得碑图》，亦传神有趣；吴昌硕、褚德彝两位金石大家，皆题诗其上，而褚题开句便赞"谷口珍储留宋拓，翁钱疑误扫无疑"，且有跋曰："槎客得汉《太室石阙铭》宋拓本，沈均初旧藏秘笈也。一亭为作《得碑图》，缶庐老人复作诗张之。余亦拟二绝，盖以附名末简为幸耳。"

以隶书著称的清初大家郑谷口（簠），其访碑事略，郭文据叶奕苞《金石录补》等所记，亦有述及。而差不多与郑氏

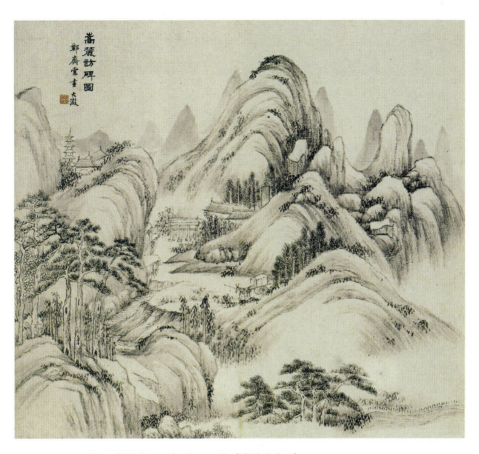

清吴大澂为郑斋（沈韵初）所作《嵩麓访碑图》

同时，以《桃花扇》传奇得享大名的孔尚任，也曾有《郑谷口隶书歌》长篇，咏当年郑氏访碑传古之情状，堪称详尽生动，因录其诗，聊备一闻：

鲁中汉碑存十一，任城有三阙里七。郑固墓铭峙东平，苔蚀榛荒亦未失。汉碑结癖谷口翁，渡江搜访辨真实。碑亭凉雨取枕眠，抉神剔髓叹唧唧。惝恍拱揖汉代贤，梦中传授点画毕。蝉翼响拓携满囊，晓风吹须策驴疾。归来检付高手工，蜜香侧理装成帙。碑额碑穿碑阴完，集古录中无缺逸。文檀为函玉为签，琳琅金薤照晴日。谷口危坐四壁观，何殊蠹简蝌蚪漆。以指画腹昼夜思，久久古人精神出。纵横能为径丈书，小者针蚕皆绵密。横飞直牵力千钧，盛年已入中郎室。如今垂老不轻挥，瘦臂撑挂肩崒崔。镫下为我摹数番，古劲如镵金石质。汉后隶书谁登峰，学问无如谷口笔。珍重藏之胜藏碑，赞服作歌美非溢。

郭文之末，还专附《本文征引文人士大夫从事传拓制作者简表》及《本文征引职业传拓者（碑估、拓工）简表》，前者记宋代刘跂，明代都穆、王肯堂，清初郑谷口，乾嘉以还张廷济、僧达受、吴式芬、何绍基、陈介祺、吴大澂、王懿荣，乃至近代叶铭、张伯英、顾燮光、丁辅之、鲁迅、溥心畬等五十多位名士文人的传拓事略；后者列唐代朱吉，宋代王辛，清代褚千峰、车永昭、陈畯、李云从、聂明山，民国李月溪、郭玉堂，近代张彦生、马子云、黄怀觉、万育仁、傅大卣等传拓高手二十多人，皆多方钩稽，探隐索幽。用力辛勤，有功来学。今试循其例，以平时所见相关者，稍补数事。

明徐𤊹《红雨楼题跋》卷一《茶录》："蔡君谟《茶铭录》，石刻小楷，为平生得意书……斯刻自君谟时置之建州治，为土掩瘗，不知年岁。近重修府藏，掘地得之。守识其古物，洗刷仍置库舍。后附刻《茶诗》六首，字稍大于《茶录》，亦颇缺蚀。𤊹闻其石在公署，无从拓印。万历丁酉（1597），屠田叔为闽转运副使，乃托田叔移书建州守索之，才得此本。"（按：徐𤊹字惟起，又字兴公；屠田叔名本畯，皆万历间名士，钱谦益《列朝诗集小传》中均有传。）

《红雨楼题跋》卷二《黄庭经》："今世《黄庭》传本不下数十拓，愈摹愈远，而迩来学者未得善本，乃取吴中新刻学之，辄语人曰吾师《黄庭》，殊可笑也。秣陵甘旸，掘土得石函，盖稍损而字独完好……石色苍润，厚可四寸，非近代之镌无疑，遂信前代之物未甚绝于人间，但遇之非其人耳。甘生得此帖，乃刻意学拓，纸墨必极精妙，不付俗工之手。贻余一通，拓稍不匀。斯本又是皖城李晰见赠者，装池大佳。时与曹能始、林茂之兄弟同观，因记其末。"（按：甘旸字旭甫，号寅东，明万历间著名印人。尝由秦汉原作，摹为《集古印正》五卷，欲正顾从德木版《印薮》之失真走神；并汇其刻印心得之语，成《印章集说》，附于谱后。）

清叶昌炽《奇觚庼诗集》卷中《游天池寂鉴寺拓至正石

刻》:"一一记贞珉,修广仅逾尺。囊中有毡椎,纸薄等蜕翼。曲肱踞磐陀,细意出波磔。当当拓石声,山僧惊迓客。谓此山中人,未见好古癖。松风谡谡来,四山催冥色。归去亟著录,淋漓墨犹滴。明发登翠岩,再蜡阮公屐。"(按:由此可知,《语石》作者叶昌炽,平日也携纸墨工具,访碑拓石。)

罗振玉《石交录》卷一:"予归自海东,寓居津沽,青县姚贵昉大令赠予所藏石刻数种。予往得《子游残碑》上截,钤'姚氏贵昉藏石'印,初不忆其人,及相见,知往在鄂渚,姚君为张文襄巡官;国变后,访古河溯,售古物以给朝夕。于时在鄂同乡同寮,多登膴仕者,贵昉未尝与通请谒,席帽芒鞋,独策蹇往来大河南北,访求古金石刻,亦振奇人也……贵昉有女,字湘云,精拓墨,所藏石皆其所拓,亦艺林中一韵事也。"(按:郭文后附表中,亦列姚氏父女事,唯其所举,皆北京大学图书馆所藏拓本上相关钤印,故稍录罗氏之记附此。)

另,前揭王壮弘先生《崇善楼笔记》中,有记原石皆早已流落域外的《魏邑主吕双四面大造像》《魏邑主马光仁等造像》《魏邑主马苗仁等造像》《魏王早树为亡弟妇造像》《魏吕隽和等四面造像》《魏像主孟东永四面造像》《北齐陈磨生四面造像》《北齐像主姜兴绍造像》《唐马忠顺为亡姚造浮图像》诸拓之上,多钤"山阴吴振平监拓金石文字记"印。茅子良先生《艺林类稿》(上海书画出版社2009年版)一书中,记西泠印社创办人之一吴隐(石潜)曾将其第三子吴锦生(1907—1979,20世纪20年代任上海西泠印社副经理,"潜泉

石門訪碑記

同治甲戌十月之望漢中試事畢翌日策馬至襄城自龍王廟渡口沉舟而上行里許風甚湍急挽索不前篙師有難色舍舟而徒由東岸石城邐迤至白石土地廟山徑紆紆崖岸谷峻險距石門尚數里也邐迤於導之下折而南又折而北荆榛塞路山石犖确小憩五金石下覩宋人題名循江北行崎嶇甚從者裹足過一點油石壁立數仞下臨深

淵山窮路絕裹囘久之忽聞嶺上人語聲隱隱在叢莽間則打碑人張懋功家在石門東去此僅數百步然可望而不可至度嶺而下約二里餘危崖陡絕攀蘿直上如猿升木石壁在其巅嶮窄處僅容半足雖太華蒼龍嶺不是過矣夜宿張懋功家風雪滿山群犬如吼終夕漉漉不絕黎明縣令雒君遣舟來迎送渡至石門門西壁則楊孟文頌頌後即楊淮表紀旁有宋人題名十餘段訪得漢永壽元年

印泥"第二代传人),"托丁辅之为寄父,并据丁氏子辈排名改为吴珑,字振平",不知是否即为其人?

白著以吴大澂自订年谱所记,述吴氏自少年时代,得外祖父韩崇(履卿)启蒙,喜集金石拓片;并据北京大学图书馆所藏《宋东京启圣禅院真身瑞象》拓片上"履卿手拓"之印,推吴氏少时可能受外祖父影响,已经会制作拓片;更多引吴氏日后与当时友人往还信札中所及,评介其不仅曾手拓金石,且精于此道。尤其是"对盂鼎这样的重器,陈介祺专门请求吴大澂手自精拓,说明陈介祺认为吴大澂椎拓水平颇高"。因记陆明君先生《簠斋研究》(荣宝斋出版社2004年版)所附《年表》中同治十三年(1874)条下,引吴氏视学三秦时致陈氏信中,称"幼时在外王父韩履卿先生宝铁斋中,得读大著所释金文,私心向往者二十余年",则又知其当初获读簠斋著述,竟亦在外祖父处。

作为闻名遐迩的一代金石大家陈介祺,不仅收藏宏富,且特别究心传拓之艺,好古传古,几伴终身。其《簠斋传古别录》,尤为此中绝对不可多得的传世名作。白著记当年吴大澂等多叹拓工难觅,陈氏肯定也有同感,于是,由陈氏后人整理刊行的《簠斋鉴古与传古》(文物出版社2004年版)一书中,不仅多录其与金石诸友书信往还中的相关探讨,更有以浅显白话写成的《拓墨说》一篇,专"示拓友",传经授道:

试拭墨，拭只一过，手法更要灵巧。拓好易得神，又省事，但墨色易有深浅耳。

底下之纸，要透白影。墨黑最忌滞暗，墨淡最忌干燥。极淡极文秀，极墨亮，仍极文秀，乃得墨彩。手最忌重浊。挨着拓，不可乱。一遍也匀，十遍二十遍也匀。

凡拓本深要深得滋润，有边沿；浅也要浅得滋润，有边沿。深的不要滞墨透纸，走进边沿；浅的不要干，不要边沿不真。得了手法，自然拓下去就好。心里不要急（第一）。上不上的墨还上，便上多了；该上墨不上，便干燥了。墨有胶，胶不干再连着上便黏。纸略湿，上干浓墨一遍，候干些再上。纸浮上墨，黑明滋润，边真边齐。

拓字用白芨水，昔年闻之嘉兴张叔未先生者，归来告王西泉，令试拓。西泉乃以纸隔去白芨水，久不惬意。昨思得，彼云浓煎白芨胶，当是浓煎之后，用杵捣细，如浓面糊成团，以之拭于金石上，再上纸，再以毡卷等筑之，便极黏，易干，受拓。兹令匠人刘守业来作胶，务令如裱画不加水之糊团，试以拓之。扑包宜好绸细棉花，棉花万不可使墨浸透，切切，此病必不可效。上扑包墨，必须使只有一层而不要点。

凡此，皆为求得品质上乘的"精拓"之本。而历代学者玩家论"精拓"对金石学研究鉴赏之重要可贵，早已不胜枚举。今再以柯昌泗《语石异同评》中所记"另例"逸闻，更见良工于传拓之不可或缺：

> 北凉《沮渠安周功德记》，光绪壬午出吐鲁番东四十里明火州故城。德国人潜移出境，时人无注意者。端忠敏应聘至德，见于柏林博物馆，愕然惊为未见，请拓留墨本，馆人许之。适随节人吏无能拓者，乃使僚从辈杂施毡蜡。一纸甫就，第二纸未及拓讫，有庀人以椎击石，用力过重，碑字为损，主者辞焉。于是又仅得半幅，遂携此两纸而归。

叶昌炽《语石》尝专论"古碑之厄有七"，且"兵燹不与焉"。其中第六厄为："津要访求，友朋持赠，轺车往返，以代苞苴。官符视若催科，匠役疲于奔命。一纸之费，可以倾家；千里之遥，不殊转饷。里有名迹，重为闾阎之累。拔本塞原，除之务尽。今昭陵诸碑，无一瓦全；关陇巩洛之交，往往谈虎色变。"是知历代碑石损毁，除自然岁月剥蚀，不识者随意磨灭，椎拓者或不得要领或贪多滥拓等一般因素之外，竟更有因好之太甚、求之过切而适得其反者。罗振玉《俑庐日札》谓："昭陵诸碑，下截多被凿损，其他半截未损者，凡遇王字皆凿去。且不仅昭陵诸碑为然，凡关中古刻，率如此。初不可解，嗣读杨文公《谈苑》，言王溥荐何拱帅凤翔，拱思报溥，问所欲，溥曰长安多碑版，愿悉得见之。拱乃献石本三千余，溥录为《琬琰集》百卷。当拱访碑，成蹊害稼，村民多镢凿其文字，或折为柱础帛椹云云。据此，知昭陵诸碑之凿损，当在此时；而凿去王字者，恨溥故也。"《石交录》则记："闻关中友人言，同州褚书《三藏圣教序》，因武人争拓不相下，遂将碑打毁。"又王壮弘先生《崇善楼笔记》中"龟兹将军刘平国治路诵"条下也记："此石未久即为回民摧毁。因穷乡僻壤，鲜见外人。拓者往往显贵，路远地偏，干粮不足。日暮投宿，回民骚扰苦甚，遂即凿毁，以绝来者。"以及张彦生先生《善本碑帖录》中"唐房梁公碑""唐唐俭碑"诸条所记相关者，皆属此类。

白著在最后题为《精拓的审美价值和品评语言》的"余论"中，特别指出："阅读清代金石学家的书信和题跋，对精拓的赞美通常简短抽象。"即便稍稍具体一点的如"楮墨黯淡，而神气浑古""纸墨黝然，望若彝鼎""楮墨沉黝莹静"之类的品评词汇，也比较少见。"相比之下，书论和画论中的很多语词是具有导向性的，它们既可以用来概括我们的体验，又可以引导人们来分享这种体验。"因此，不由得记起曾在上海图书馆《历史文献》第十六辑（上海古籍出版社2012年4月）所刊沈均初《郑斋金石题跋记》中，看到过这样的文字：

> 石刻精拓，如界画山水，不惮工力，尚易为之；水墨淡拓，则直如董、巨墨法，全以神运，天和所触，拓工亦偶得之耳。宽夫侍御所云增益古趣，是得神解者。(《唐端州石室记》跋)

当初一见，颇觉新奇，印象遂深。今读白著，始悟当属难得，因借翻检移录之机，另将《历史文献》第八辑所刊吴湖帆先生《梅景书屋题跋记》内略见生动形象之品评数语，一并抄附：

此本墨采淋漓，神光浮动，栩缘老人云"血肉相生"，洵称断语。拓墨中不多得者，只可于米家云山中求之。（《隋士行参军张通妻陶贵墓志》跋）

此本则存字最多，而淡墨笼纱，有靓妆出水之妙，真海内《唐俭碑》第一本也。（明拓《唐莒国公唐俭碑》跋）

开卷漫说全形拓

20世纪初西泠印社创立之始,即以"保存金石,研究印学"为其宗旨,而印学之中,自然也包括篆刻。至于金石与篆刻之关系,则曾任西泠印社社长的马叔平(衡)先生,在其《谈刻印》(收入氏著《凡将斋金石丛稿》,中华书局1977年版)一文中,有明确之说:

> 余常闻之人曰,"某人善刻印,今之金石家也",一般人以为刻印即是研究金石。其实金石二字,岂是指一支铁笔(刻字刀)与几方印石之谓?依此解释,未免浅之乎视金石学矣。盖金石者,乃指金文及碑版而言。金文者,商周以来铜器之文字;碑版者,秦汉以来刻石之文字也。治史学者每患文献之不足,乃于书籍之外搜寻其他史料。金石文字为当时人所记载,所谓直接史料,其可信之成份远胜于展转传写之书籍。研究此项直接史料,始得谓之金石

学。印为古代用为凭信之物，或刻于铜，或刻于玉；或刻地名官名，或刻私人姓名，当然为史料重要部分，而在金石学范围之内。刻印家欲知印之源流沿革、形式、文字之变迁，应先研究古印，自属当然之事。即以文字源流而言，不但古印应研究，即一切金石文字，也在研究之列。故金石家不必为刻印家，而刻印家必出于金石家，此所以刻印家往往被称为金石家也。

马先生此文发表于1944年，可知那时已有"一般人以为刻印即是研究金石"的误区。而不久之后，随着金石作为"旧学"在当时特定形势下的日渐式微，类似的话题也在相当时期内几乎被人遗忘。如今，在重振金石学的目标下，由童衍方先生等西泠印社中人主事编成《吉金留影——青铜器全形摹拓捃存》（以下简称《吉金留影》）这样的专门之作，并借此契机，和向有传统的上海图书公司艺苑真赏社共举鉴赏研讨雅集，无疑是对印社宗旨的真正传承和最好弘扬。

相对一般传拓而言，全形拓的出现比较晚近。一生历经嘉（庆）、道（光）、咸（丰）、同（治）、光（绪）五朝的徐康（1814—约1888），曾在其《前尘梦影录》中记："吴门椎拓金石，向不解作全形。迨道光初年，浙禾马傅岩能之。六舟得其传授，曾在玉佛龛为阮文达公作《百岁图》，先以六尺匹巨幅，外廓草书一大寿字，再取金石百种椎拓，或一角，或上或下，皆以不见全体著纸，须时干时湿，易至五六次，始得蒇事。装池既成，携至邗江，文达公极赏之，酬以百金，更令人镌一石印曰金石僧赠之。阳湖李锦鸿亦善是技，乃得之六舟者，曾为吴子苾、刘燕庭、吴荷屋、吴平斋诸老辈所赏识。"这大概就是全形拓起自禾中（今浙江嘉兴）马起凤（傅岩），并由释六舟（达受）传其艺这一说法的由来。而再传者阳湖（今江苏常州）李锦鸿则为女性，号墨香，虽至今尚有"阳湖李墨香拓""锦鸿手拓"诸印随相关拓片传世，叶为铭《广印人传》卷十五述孙锦"工篆刻，尤精小印，善拓旁款，又能拓古彝器款识全形"时，也提及"可与阳湖墨香齐名"，然其生平事略，仍乏资料，故徐康所记，亦颇重要。更为难得的是，艺苑真赏社雅集现场所展商承祚先生题签的"李墨香女郎手拓曼生壶"轴上，有民国间金石学家邹安（寿祺）丁卯（1927）一跋，述李墨香及传其艺之从侄李慎观诸事，不仅生动，且有他处所未详者。童衍方先生在为《吉金留影》所撰序文《金石全形、博古传真》中，已节引其语，专门拈出。为存文献，今再录全篇于此：

> 阳湖李墨香女士锦鸿，不事女红，好钟鼎彝器文字。见六舟僧所拓全形，竭力仿效，尽得其秘。东南收藏家法物，多延女士手拓。从侄李慎观师之，亦得微名，见重于吴平斋、李眉生、吴愙斋诸公。余至吴门稍晚，尝于茶寮见慎观，目近盲。偶谈及十余年前事，娓娓不倦（也）。吾友蔡寒琼与德配倾城夫人，同有金石癖，并耆茗饮，尤慕女士之

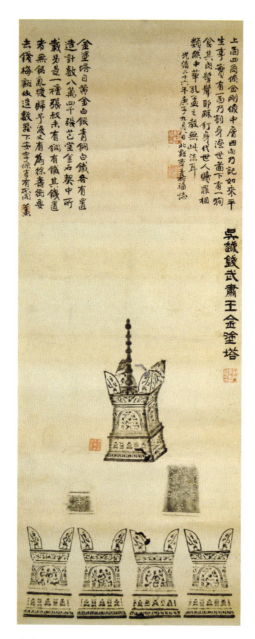

清李墨香手拓《吴越钱武肃王金涂塔》

为人，嘱为作缘，典钗买得曼生壶精拓二幅，亦玉台之佳话也。丁卯长至日适庐邹寿祺跋。

邹氏所云"蔡寒琼与德配倾城夫人"，即当年艺坛印林名家蔡哲夫、张倾城夫妇。而据马国权先生《近代印人传·谈月色传》（上海书画出版社1998年版）所载，蔡氏娶谈月色为副室之后，"又授以全形墨拓之技"，则其本身或亦擅此道。

虽然自北宋吕大临《考古图》、王黼《宣和博古图》起，就已经摹写所录器物图形，但直到清代金石学复兴、渐盛的乾、嘉时期，仍多偏重款识文字，正如罗振玉甲子年（1924）所撰《雪堂所藏古器物目录序》中所说："其搜集古器物，始于梁之刘之遴；而辑古器物文字图像为专书，则始于天水之世。宋代著录，彝器之外，凡任器若釜甗镫锭奁鉴之类，微论有文字与否，悉图写其状，详记其所出之地、藏器之人，与重量尺寸，其法颇备。至我朝斯学益盛，然不免重文字而略图像，贵鼎彝而忽任器，似转逊于前世。"陈梦家先生也在其1948年发表的《海外中国铜器的收藏与研究》（收入氏著《梦甲室存文》，陈子善编，中华书局2006年版）一文中指出："平心而论，北宋《考古图》以后，学者对于花文、形制和出土地三事略有疏忽而过分注重铭文。此事若稍加留意，前途是不可限量的。"而真正有意识地重视并以科学方法进行青铜器形制纹饰研究的，也正是像容庚（1894—1983）、陈梦家（1911—1966）乃至张光直（1931—2001）等现代考古学兴起和发展背景下的学者。不过，以表现器物形制、纹饰为主要目的的全形拓，其兴起和流行，也许对人们的传统视角和鉴赏重点，还是有着某种程度的改变和影响，至少像陈介祺（簠斋，1813—1884）这样继马起凤、释六舟之后又创全形拓新法的金石大家，就已经在同治年间致友人的信中提出：

> 圣人制器尚象，皆有取义。云雷取其发动而成文也，回文者是（又取施不穷）。牺首、羊首、米粟，取其养也，乳形者同。饕餮取戒贪也。龙取其变，虎取威仪，虎文尤多，重威仪也。蜩取其洁，熊取其猛。纲目取其有经纬也，未可以殚述也。古玉则尤多虎文，盖威仪尤见于佩服也……同一三代之器，文与制皆可别其先后，多见自能知之，相形自别。（陈继揆编《簠斋鉴古与传古》，文物出版社2004年版）

而这样的认识，在陈介祺所处的那个时代，应该是极具眼光、十分难得的先见之说。陈氏还十分重视当时刚从西方传来不久的照相摄影："兹有表弟谭雨帆，名相绅，旧在潘世兄霨署中习得西人照法，以其法形似而不大雅，故不取。后见其照山水树木得迎面法，于凡画稿皆有神，照碑帖则近雅而未甚古也。今试令照三代古文字拓及器量图，乃至佳，虽缩小而能不失其真，且似字之在范经铸者，浑朴自然，字虽小而难刻，然上海刻工或能之。器外象形文虽不能甚晰，有拓本相较，亦易审。

有一图及图拓,虽不见器亦可成书,且可将难得之拓印传之,是法乃为有益于中国艺文之事矣。"此更在黄牧甫(士陵)以西洋写真法绘器物全形之前。当然,直至今日,包括全形拓在内的传拓技艺,仍有其独到的功用和魅力,正如李学勤先生在为《簠斋鉴古与传古》所作序言中强调的:"墨拓是我国古代创造的特殊技术,能够表现文字、纹饰,也能表现器物全形,本身就是艺术的一种。直到今天,尽管有了摄影录像,某些文物的微妙细致之处,仍然只有墨拓才可曲尽。"

20世纪60年代,赴台的故宫博物院元老庄尚严先生,在其《故宫博物院三十五年前在北平的出版物》(收入氏著《山堂清话》,台北故宫博物院1980年版)一文中,记当年故宫所售金石拓片一百多种,其价格与文中另列的"书翰、名画、图像、书影、目录、史料、刊物"等印刷品诸项相比,皆可谓不低,而其中"父辛方鼎、父乙尊、史卣、史颂敦、芮公壶、乙父壶"等近六十种,除"文字"之外,另有"器形"之拓,价又倍之,甚至数倍,则其无可替代之独特价值,亦能由此略见一斑。

和书画、碑帖等一样,不少全形拓也常有历代跋文、各家题识,或考订论学,或品鉴谈艺,乃至金石因缘、聚散始末、翰墨佳话、得失逸闻等,展玩赏读之间,趣味时见,令人忘倦。而《吉金留影》所收,亦不乏此类。如《高时显题乐只室藏器全形拓四条屏》,为著名印人高络园(时敷,1886—

左图：《高时显题乐只室藏器全形拓四条屏》之一
右图：《高时显题乐只室藏器全形拓四条屏》之二

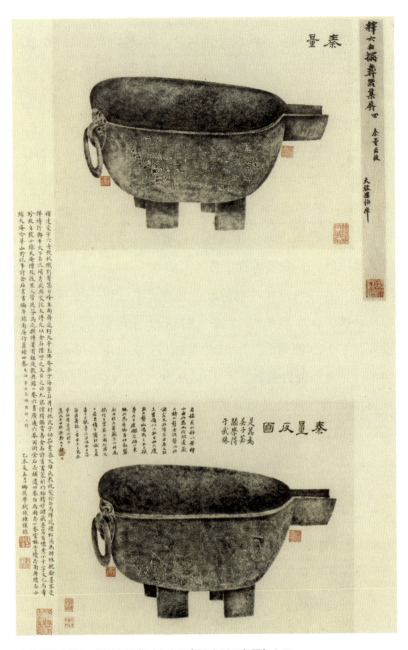

清龚孝拱（橙）、赵烈文递藏《六舟拓彝器全形四条屏》之四

1976）先生乐只室所藏西汉建昭量、西汉步高宫铜链壶、东汉官邑家二斗五升鋗、西汉上林荣宫铜熏炉四件古铜器的全形之拓，皆经其二兄高野侯（时显，1878—1952）审鉴品题，又得其长兄高存道（时丰）以长跋吟咏，旁征博引，多方考论，且小草蕴藉，章法疏雅，一眼望去，器形、书迹、钤记，朱墨灿烂，赏心悦目。而林乾良先生《西泠群星》（西泠印社出版社2000年版）曾记："高家为杭州巨族，富甲乡里。其祖业高义泰绸布庄为全浙该行业之龙头。高氏育六子，除第三子早故外，其余诸子皆于诗文书画有所造诣……野侯行二，络园行六，均西泠印社社员。大哥高存道，也一直参加西泠印社活动，在《丁亥重九题名》（1947）中即有，估计《戊子重九题名》也曾列名。所记小传如下：高时丰，字存道，一字鱼占，斋称辟言精舍。生于1876年丙子，丁亥时年72岁。杭州仁和人。高氏兄弟，若论文学艺术，以此三人最知名，人称'高氏三杰'，同为杭州民国时期重要之书画家、篆刻家、诗人、收藏鉴赏家。从画而论，当时有'大松、二梅、六竹'之称（大、二两字或改为伯、仲），合称'高氏三绝'。"则此四条屏集高氏三杰之传古、品鉴、题咏于一，或许比一般较为常人熟知的松、梅、竹"三绝"，更加难得。

又如浙江省博物馆珍藏的《六舟拓彝器全形四条屏》，不仅是早期全形拓名家的传世经典之作，也是晚清曾国藩幕下重要名士、金石鉴藏家赵烈文旧物，各屏签条下方，均题"天放楼镇库"，并钤"烈文长寿印信"；每件器物全形拓边上，皆有"赵烈文所得三代以下吉金文字""长生安乐赵烈文之印"诸记。第四屏秦量反面之拓左上,又有赵氏光绪戊子(1888)题跋,记其从龚孝拱处得此拓之大略,谓:"右拓器六种八叶,释六舟所为而徐问蘧藏之,转入龚孝拱。龚殁,与诸金文并归余匣。原父敦足蔀损,似以就方册尺度,或云龚病愦为之。太子牺尊左方糜烂,余补以素纸,改为屏幅……"龚孝拱原名橙,字公襄。以字行,改字孝拱。其父龚自珍,系著名诗人、学者,好金石,有收藏。而龚自珍外祖父,则为大名鼎鼎的《说文解字注》作者段玉裁。故孝拱虽流寓洋场,习外语,然于经学、小学、金石等,亦颇有根底及著述,并兼识满、蒙、唐古特等文字。书法尤好作古体,别具一格。《吉金留影》另收《褚德彝题无专鼎全形拓》上,恰有其考释长跋,字迹与上海图书馆所藏其《古俗一览》手稿本的古趣奇宕之体,正相符合。褚氏所题则详记:"孝拱为定盦先生少子,治《春秋》《尚书》,有家法。为英人威妥玛书记,藏金石甚富。通古文奇字……书法奇古,向不用印章。"而孝拱与赵氏不仅熟识,且多往还,有交谊,后竟因金石碑拓交易,怨至绝交,赵氏《能静居日记》(岳麓书社2013年版,以下简称《日记》)颇记其事:

(光绪三年八月)二十九日辛亥,晴。下午龚孝拱来,晚饭后去。

三十日壬子,晴。孝拱来谭终日,至二鼓去。以前售碑拓偿价不能满意,甚怫然。四月间来信,已有绝交之言。

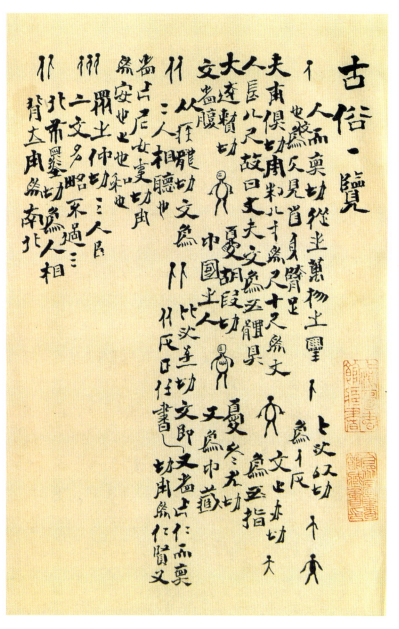

清龚橙《古俗一览》手稿本书影

至是遂支辞牵蔓,文致余罪。盖以前取余百五十金不能偿,故强欲为此,其计甚左。余念交久,但笑谢而已。

(光绪三年九月)朔日癸丑,晴。孝拱来,立索诸碑拓去,亲点齐全,抽身下舟。前取碑价已不敢问,而假余精拓《张猛龙碑》《麓山寺》《兖公颂》等若干种,亦悍不还。余送之登舟,坐良久,请置前事,同登剑门看山,乃盛气不答。余谢过先归。再视之,已解维矣。

初二日甲寅,晴。写殷仲信(即发信船),以孝拱二十余年旧交,而以琐故至此,颇为怅然。故有是书,请为开解,非辨曲直也。

该信今附存《日记》之中,述此事始末经过,详尽曲折,似堪称文坛艺苑又一鲜为人知的掌故逸闻,因不嫌稍长,仍节录其要,以飨有兴趣者:

孝叟于昨岁四月枉顾,言有尊彝、瓦当及碑拓甚多,欲以赠人。烈先年曾见瓦当一种,俱精异,欣然愿观。七月初孝叟携至木匣、纸包各一,启视皆汉唐碑拓,新旧十一,列目三百余种,直四百余金。又言此外有三断碑整本,直百金,及宋拓《内景经》等,均未至。烈素不暇为金石家,往往收弃,第欲供耳目之玩,故贵精不贵多。又铜器、瓦当等均未见,意本不愿,以孝叟敦询,颇赧于辞,遂妄请以五百金尽得孝叟金石瓦砖诸拓,不复逐件论价。孝叟慨然乐为，且言铜瓦拓本不可言价，吾愿奉赠。留三日，携百金去，余约年内归二百金，次年归二百金。至九月初六，孝叟复至，携三断碑及《内景经》二种及原议外之金石各书，列直百五十元。烈以旧藏有其半，姑请暂留。是时孝叟欲携家结邻，下榻半月余，谭续前款，为觅屋数处，均未洽。是月杪仍携各箱匣原件及借观旧藏若干种而去。至十一月函询碑直，以诸拓携去未还，所存仅十余种，又正在窘乡，故仅提交五十元。

今年二月，三次枉顾，又将箱匣等带来。添出另单各种，而铜器等始终未见。临行取去二十元，手示一单，前后各件，计直八百余金。烈已知此事终无保全之策矣。四月内赐书殷索，遂有绝交之说。烈不得已，请以原件缴还。日昨因故居改造完毕，函请见过。孝叟复书，约至苏州，彼此互还碑帖。适直家众一时俱病，烈亦抱恙，辞谢不往。二十九日孝叟来，至三十日将各件交毕。烈另单请留若干种，以抵前项。孝叟以价尚不敷，云以原金见还。是日谭饮如常，酒阑之后，忽云同治元年徐雨之帮周处五百金，系吾垫付交尔手，或云此银周处未见，尔当见偿，辞色并厉……又云同治八年代买呢羽等七十元未还。又云屡次赴虞，盘费不少。烈揣知孝叟处况窘迫，殆系实情。又所留只以合意，非借此索银。且见孝叟之状不胜斛觫，烈请以各种交付前事不提，始旋霁威而去。

昨早上岸，运物下舟，匆匆成行。烈询问借去之精拓各种，笑而不答，飘然竟去。详思此举，烈含糊勉强于前，而明问精详于后，诚为有罪，孝叟斥为买卖家数，诚不敢辞。但孝叟力艰不与前直，何妨见告，而以十六年从未提起之代人说项垫出多金为辞，似近稚气……且二十余年彼此投赠殆非一端，以此立言，亦甚不直。现既分袂，如此而止，原无不可。但烈与孝叟交情非泛，患难扶持，流言不信，想亦阁下所具闻，并为旁人所惊诧。今以细故如此下台，未免念之怅然。

而有关龚孝拱之卒及其藏品去向等，《日记》于光绪五年（1879）二月十八日又记："过凌云阁古董肆，以新得古琴属整理缺坏，遂赁舆访龚念匏，探孝拱病信。云已于去腊作古。子嗣久逐在外，闻亦愚弱。著作一生，谁与结集？可叹也。"二十日，即"写龚念匏信，唁其兄丧，并索存物也（即发信局）"。约八个月之后的同年十月朔日，则："得旧拓张燕昌藏本《天发神谶碑》及钟鼎彝器、汉铜镫、洗、泉模、戈、弩、造像砖拓数百种，藏弆从此大富，欢喜无量。写龚念匏信，寄银百饼，偿孝叟碑价也（即发交来足）。"

另外可以一说的是，《吉金留影》中《愙斋所藏吉金图》全形拓长卷旧藏者归安（今浙江湖州）陆叔桐（树声，1882—1933），亦属沾家传余绪之玩家。其父陆心源（1834—1894），字刚甫，号存斋。咸丰九年（1859）举人，官至福建盐运使。精鉴赏，尤富藏书，曾以皕宋楼、守先阁、十万卷楼等，分储历年多方罗致的宋刊元椠、名家抄校及明清善本，凡十五万卷，与聊城杨氏海源阁、常熟瞿氏铁琴铜剑楼、杭州丁氏八千卷楼，并列晚清四大藏书之家。旁及书画碑帖、金石砖瓦，有《仪顾堂题跋》《群书校补》《宋诗纪事补遗》《宋史翼》《穰梨馆过眼录》《金石学录补》《千甓亭砖录》及《续录》《千甓亭古砖图释》《吴兴金石记》等。陆叔桐系其第三子，曾为邑庠生，以江苏候补知府，历任宝应统捐局、扬州堤工局等处总办，后因经商，长住上海。今观该卷后胡掬邻（钁）光绪壬寅（1902）、吴昌硕光绪甲辰（1904）、王仁俊光绪甲辰、陈兆熊光绪癸卯（1903）、褚德彝光绪三十一年（1905）及缪荃孙诸家题记，则其当年与名流学者往还赏艺之闲雅，似可想见。然仅仅数载之后的1907年（光绪三十三年丁未），其父倾毕生心力所聚之藏，即由觊觎已久的日本财阀岩崎氏以十二万银圆，捆载东渡，距陆心源之卒，亦不过十三个年头。据陆心源长房玄外孙徐祯基先生《藏书家陆心源》（陕西人民教育出版社2007年版）所记，当时在沪上代表家族与日方清点交割者，正是陆叔桐。运抵日本的陆氏藏书，则全部入岩崎家创办的静嘉堂文库。1994年9月至1995年9月，笔者应邀赴日本庆应义塾大学访问研究期间，为调查流存东土的明人诗文别集等珍稀文献，曾用近一个月的时间，几乎天天往静嘉堂文库求阅善本。展读之际，每睹陆氏昔日钤记，怅然之下，默祷其平安他乡之愿，至今犹在心头。而二十年之后，又幸逢有识之士将纽约苏富比拍卖公司从日本征得的此陆氏旧藏珍拓长卷，完璧购归，研索之外，并慨然出之，与同好切磋共享，快何如之！

明嘉兴项氏所收
《万岁通天帖》流散始末

现藏辽宁省博物馆的唐摹《万岁通天帖》，因收王羲之《姨母帖》《初月帖》，王荟《疖肿帖》《翁尊体帖》，王徽之《新月帖》，王献之《廿九日帖》，王僧虔《在职帖》，王慈《柏酒帖》《汝比帖》，王志《喉痛帖》，共计七人十札，故又称《王氏一门书翰》。这是传世极稀的王书唐摹本中绝对数一数二的顶级精品。启功先生曾在为文物出版社原色精印的"中国名家法书系列"《王羲之》一书（1997年版）所撰《〈唐摹万岁通天帖〉书后》一文中，高度评价此卷："唐摹王羲之帖，不论是现存的或已佚的，能确证为唐代所摹的，已然不易得。如可证在唐代谁原藏、谁摹搨，何年何月，一一可考的，除了这《姨母》等帖一卷外，恐怕是绝无的了。"并分别从勾摹的忠实精巧，即清初朱彝尊所述"钩法精妙，锋神毕备，而用墨浓淡，不露纤痕，正如一笔独写"，甚至连原迹纸上破裂之缝，都一一照样摹出；书迹的精湛珍稀，"不但这卷中王羲之二帖精彩绝伦，即其余各家各帖，也都相当重要。像徽之、献之、僧虔三帖，几乎都是真书"；以及书史的文献参证等各个方面，详细考述，论其堪称国宝之价值。

此卷流传大略，多有绪可考。尤其值得一说的，是自明代中叶经当时著名藏家无锡华夏真赏斋转归嘉兴项氏之后，子孙递传，复遭兵火战乱，历经约一个世纪，始散入他姓之种种，不仅为此剧迹在项氏家族传承流转中的掌故逸闻，更由此个案，知昔日常为人称引的姜绍书《韵石斋笔谈》中所记"乙酉岁，北兵至嘉禾，项氏累世之藏，尽为千夫长汪六水所掠，荡然无遗"云云，当属一种泛泛大略的传世概说，而项氏藏品流散之具体曲折，实一言难尽。今以此为例，就相关文献记载，排比考索，稍说其详。

尽管朱彝尊《曝书亭集》卷五十三所收《书〈万岁通天帖〉旧事》一文，因有关研究者多引以说明项笃寿、项元汴兄弟两人不同性格及为人处世而几让人耳熟能详，然其中记《万岁通天帖》在项家的情形，仍需关注：

> 是卷向藏乡先生项子长家。子长讳笃寿，中嘉靖壬戌进士，入词林。性好藏书，见秘册，辄令小胥传抄，储之舍北万卷楼……子长子德桢，万历丙戌进士；梦原，万历己未进士。德桢子鼎铉，万历辛丑进士；声国，崇祯甲戌进士……声国字仲展，除知雅州事，卒于京师。予祖姑归

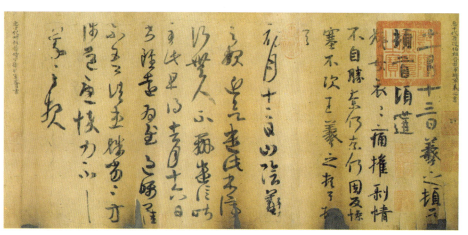

上图：唐摹《万岁通天帖》中王羲之《姨母》《初月》二帖
下图：明董其昌跋唐摹《万岁通天帖》

焉。乙酉之乱，祖姑避地深村，长物尽失，惟此卷纳诸枕中。乱定，依然完好。予每谂祖姑，恒得纵观。久之，祖姑没，项氏日贫，嗣子遂售于人，转入势家。过眼云烟，不复再睹矣。

差不多与朱氏同时代的著名书画商人吴其贞，也在其《书画记》中谓："此卷藏嘉兴项笃寿先生家，向在夫人处。邹臣虎先生曾以千金求之，不得。"到了项笃寿去世后二十四年的万历三十八年（1610），在其长房长孙项鼎铉（孟璜）家的一次雅集中，李日华与友人同观主人所藏历代书画，其中即有此卷，《味水轩日记》卷二"万历三十八年"中记其事曰：

> （十月）十九日，同周本音、许广文、高元雅、万茋吾、沈尊生、陆孝廉集孟璜斋头，出观颜鲁公《深慰帖》、杨凝式《神仙起居法》、褚摹《兰亭》、唐钩《万岁通天帖》、高闲《草书千文》，皆余平日再三经目者。颜帖最为甲观，《通天帖》钩填入神矣。高闲书散漫潦倒，定是伪札。

而据封治国先生《项元汴年谱》（收入氏著《与古同游——项元汴书画鉴藏研究》，中国美术学院出版社2013年版）所引项鼎铉《呼桓日记》，其卷二中"万历四十年（1612）六月十九日"又记：

阴，日中大雨。董思白过晤，姚叔祥、沈天生、郁伯承、陆甥嗣瑞、家昆于蕃、侄惟百皆次第到。思白亟索《万岁通天》真迹阅之……更出观米海岳九帖，蔡君谟十帖又四帖及海岳《云山》卷。董跋《万岁通天帖》云："摹书得在位置，失在神情（麦青按：原迹"情"作"气"），此直论下技耳。观此帖，云花满眼，奕奕生动，并其用墨之意，一一备具，王氏家风，漏泄殆尽。是必薛稷、钟绍京诸手名（按：当为名手。麦青按：原迹正作"名手"）双钩填廓，岂云下真迹一等。项庶常藏（麦青按：原迹"藏"字前有"家"字）古人名迹虽多，知无逾此。又（麦青按：原迹"又"作"文"）征仲耄年（麦青按：原迹"年"字下有"作"字）蝇头跋，尤可宝也。万历壬子，董其昌题。"此帖前为张伯雨跋，有云双钩之法世久无闻，米南宫谓下真迹一等，末小楷跋则文待诏八十八岁书，故董云然。又第一跋系岳倦翁题，言承传始末甚具；字亦沉着，但窦"臬"字多作窦"泉"，为误。

凡此，皆可证此卷当时在项鼎铉处。至万历四十七年（1619）项鼎铉卒后，此卷下落如何，不得而知。但到了"乙酉之乱"，即1645年的改朝换代时，携此卷逃难并在"乱定依然完好"的情况下收存此卷的，则已是朱彝尊的祖姑，即项鼎铉的弟媳、项声国之妻了。

此后不久，明末清初的著名文人吴梅村（伟业）又在项黄中处，获见此卷，《梅村家藏稿》卷三有《项黄中家观〈万岁通天法帖〉》长歌：

王氏勋名自始兴，后人书法擅精能。江东将相传家在，翰墨风流天下称。前有琅琊今檇李，项氏由来堪并美。襄毅旗常战伐高，墨林书画声名起。当时海内号收藏，秘阁图书玉轴装。近代丹青推董巨，名家毫素重钟王。钟王妙迹流传旧，贞观在御穷搜购。尽随万乘入昭陵，人间一字无遗漏。碑石犹存腕锋出，风摧雨剥苔文脱。枣木镌来波磔非，笺麻拓就戈铦失。君家此书何处传，云是万岁通天年。则天酷嗜二王法，诏求手迹千金悬。从官方庆拜表进，臣祖羲献与僧虔。生平行草数十纸，龙蛇盘虩开天颜。赐官五阶帛百匹，仍敕能手双钩填。装成用宝进御府，不知何事流人间。我思羲之负远略，北伐贻书料强弱。惜哉徒令书画传，誓墓功名气萧索。江东无事富山水，兴来洒笔临池乐。足知文采赖升平，父子优游擅家学。只今海内无高门，稽山越水烽烟作。春风挂席由拳城，夜雨君斋话畴昨。呜呼吾友雅州公，舒毫落纸前人同。一官乌撒没坏土，万卷青箱付朔风。少伯湖头鼙鼓动，尚书第内烟尘空。可怜累代图书尽，断楮残编墨林印。此卷仍逃劫火中，老眼纵横看笔阵。君真襄毅之子孙，相逢意气何相亲。即看书画与金石，访求不屑辞家贫。嗟呼世间奇物恋故主，留取缥缃傲绝伦。

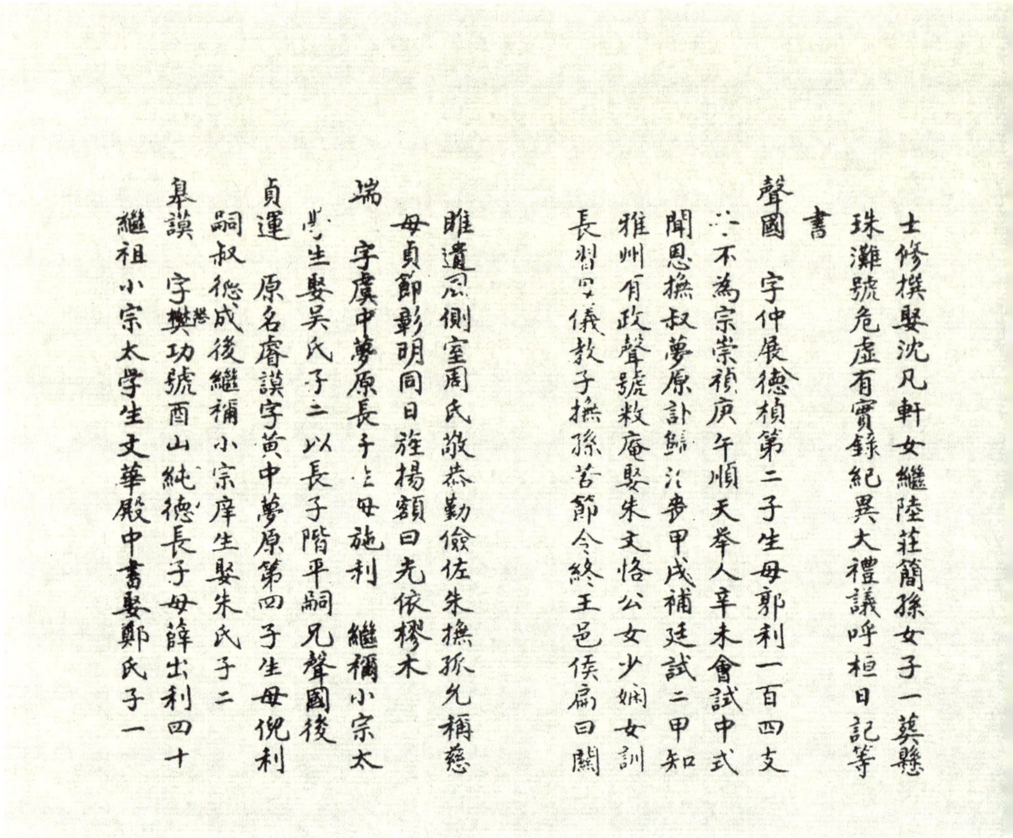

士修撰娶沈凡軒女繼陸莊簡孫女子一葵懸
珠灘號危虛有實錄紀異大禮議呼桓日記等
書

聲國 字仲展德楨第二子生母郭利一百四支
不為宗崇禎庚午順天舉人辛未會試中式
聞恩撫叔夢原計鴇泣步甲戌補廷試二甲知
雅州有政聲號救庵娶朱文恪公女少嫻女訓
長習安儀教子撫孫苦節令終王邑侯扁曰闡

端 字虞中夢原長子生母施利 繼稱小宗太
母貞節彰明同日旌揚額曰先依樛木
雖遺忿惻室周氏敦恭勤儉佐朱撫孫允稱慈
學生娶吳氏子二以長子階平嗣兄聲國後

貞運 原名睿謨字黃中夢原第四子生母倪利
嗣叔德成後繼補小宗庠生娶朱氏子二
臬謨 字樊功號酉山純德長子母薛出利四十
繼祖小宗太學生文華殿中書娶鄭氏子一

由诗中"呜呼吾友雅州公,舒豪落纸前人同。一官乌撒没坏土,万卷青箱付朔风"诸句,知项声国身后,所藏已多散落。而其卒年,似又无考。钱谦益《初学集》卷十四有《济上逢嘉禾项仲展》,据该集之编年,当作于崇祯戊寅(1638)约九月间,为项声国登崇祯七年(1634)进士后第四年之事。因研究诸家多未道及,故录其诗,一并附此:

相逢无复问乘车,执手潸然涕泪初。剑外官人君若此,山头廷尉我何如?形容变尽风霜在,躯命偷回肉骨余。南国总看惊鹬羽,东门方拟祀爰居。凄风易撼巢枝鸟,逆浪偏冲失水鱼。忽漫又看成别去,低回更复叹归与。黄花著雨秋英老,红柿经霜硕果余。长祝清澜如汶济,邮筒频寄一行书。

而冯其庸、叶君远先生所撰《吴梅村年谱》(文化艺术出版社2007年版)据吴梅村诗中所述,以及明亡后吴氏首次到嘉兴的时间等,系其在项黄中家观帖之事于清顺治六年(1649),其说似可从。唯以靳荣潘《吴诗集览》所收吴氏此诗题下引朱彝尊《曝书亭集》,谓黄中乃项鼎铉之字,则稍有误。据上海图书馆藏清抄本《嘉禾项氏宗谱》,项黄中名贞运,原名睿谟,为项笃寿次子梦原(德棻)第四子,嗣项元汴次子德成。故朱彝尊有"祖姑没,项氏日贫,嗣子遂售于人"之说。然究竟何时售出,亦未能详。吴其贞《书画记》曾记:"丁酉四月二十三日,我友项汉宇、吴民培携此卷视予于吴门寓舍,与长男振启观赏弥日,真奇遇也。"丁酉为顺治十四年(1657)。及至朱彝尊作《万岁通天帖歌赠王舍人(作霖)》,则已明记此卷由项氏流归他姓,其诗曰:

> 千金购墨妙,摹自万岁通天年。自从靖康乱,人间始睹真迹传。百年以来藏项氏,年时记得曾开视。虽无乌衣四七人,尚有金轮十三字。若非薛稷钟绍京,安能运腕如天成?银钩趸尾细豪发,悬针垂露纷纵横。表上中书敕开宴,九宾咸列武成殿。题扇书裙恍再逢,看朱成碧谁能辨。由来神物难久留,昨日之日忽我道。留题已入他人室,想像空深异代愁。王郎生长山阴县,弱年通籍金闺彦。赠我盈盈尺素书,君家胜迹重相见。出门鸿洞风尘多,愿置怀中字不磨。试将射的仙人鹤,笼作山阴道士鹅。

据乾隆《绍兴府志》:"王作霖字用之,会稽人。幼时日诵千言,为文沉古典朴而与时迕,键户面壁、绝人事者十年。福王立,授中书舍人。鲁王立于绍兴,作霖负玉牒献之,授原官,加仪制司主事。江上师溃,入云门为僧,易名宏瑜,字月章。工书法,兼善花鸟山水。"乾隆间张庚《国朝画征录》、陶元藻《越画见闻》等,亦皆记其人其事。王氏又与同时祁豸佳、董玚、王雨谦、陈洪绶、赵甸、鲁集、王霬、罗坤、张逊庵为"云门十子",朱彝尊《曝书亭集》卷三十有《满庭芳》词,题下注:"春暮入云门山赠月公。"而此《万岁通天帖歌赠王舍人（作霖）》诗，则编入《曝书亭集》卷四"上章困敦"之下，是即顺治十七年（1660）。距前述李日华万历三十八年（1610）在项鼎铉处获观此卷，亦已五十年整。而稍在此前的顺治九年（1652）端午日，吴其贞过嘉禾，于项元汴之孙项子毗（禹揆）家中得见元黄公望《水阁图》，"时项氏六大房物已散尽，惟子毗稍存耳"。

唐杜牧《张好好诗》
墨迹的近世命运

　　清宫旧藏、著录于《石渠宝笈》初编的唐代著名诗人杜牧《张好好诗》墨迹，是传世中国历代书法名作中堪称国宝的难得珍品之一，正如张伯驹先生在其《丛碧书画录》中所评："樊川真迹载《宣和书谱》，只有此帖。为右军正宗，五代以前、明皇以后之中唐书体。而赠好好诗与杜秋娘歌久已脍炙人口，尤为可贵。"民国间，此卷被清室废帝溥仪辗转携往东北伪满洲国"宫内"，抗战胜利前夕，因日寇及伪满溃败之乱，始散落民间。至20世纪50年代中，由张伯驹先生捐出，归故宫博物院。其间虽只短短十数年，然此中曲折，似颇有可说者，因就平日所见各家相关之记，概述其始末大略，或亦可聊备艺林掌故。

　　曾亲历、主事并毕生关注故宫散佚书画追寻的杨仁恺先生，在其《国宝沉浮录——故宫散佚书画见闻考略》（上海人民美术出版社1991年版，辽海出版社1999年7月增订本，上海古籍出版社2007年3月再增补彩图典藏版）一书中记："一九三二年，溥仪到了长春，在伪满洲国康德元年或大同二年，由日本关东军司令部中将参谋吉冈安直将放存天津静园的法书名画、宋元善本、珠宝玉翠约七十箱，运至长春伪宫内，由刘振瀛负责看管。装书画木箱存放在伪宫东院图书楼楼下东间，即所谓的小白楼，书画册子和挂轴亦同放一起；小金库十八个则存于内廷缉熙楼客厅，内有六匣装汉玉计一百余件，余则为古玩金饰。"至"一九四五年八月十日，日本关东军司令小田乙三宣布伪满洲国都迁移通化，溥仪十三日从长春逃到通化大栗子沟，十七日乘一架小型军用机企图逃往日本，过沈阳为我人民解放军和苏军所俘，随身携逃的法书名画和一批珠宝玉翠，则先后由人民部队上缴，归东北人民银行代为保存"。而"原藏于长春伪宫小白楼的历代法书名画，在很短的时间内，经过值勤'国兵'的一番争夺洗劫，剩下满楼空箱空匣，和散落在各个角落的花绫包袱，凌乱之景，无法言喻"。这些抢得书画宝贝的"国兵"们，"有的人家在吉林、辽宁、热河等省尚未获得解放的地区，大都把劫来之画携带回乡，秘密保藏起来，有的家在黑龙江的，当时全省已经解放，'国兵'们并不了解有关政策，大多暂时在外乡作客，存在观望态度，以所掠国宝求售，过着舒适的流寓生活；最具有利条件的，就是长春市（即伪京）的'国兵'，他们直接将所掠获的物品转移到自己家里。凭借市面的行情，做一

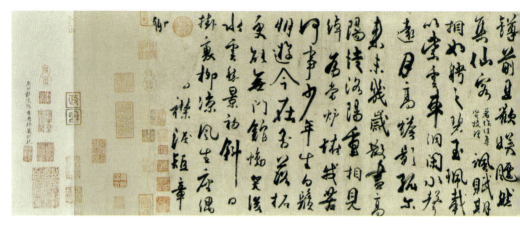

唐杜牧《张好好诗》(卷尾)

番交易,大获其利。甚而通过在一起抢夺时彼此了解的有利条件,从中作起贩卖伪宫佚出书画的生意"。更令人发指的是,其中还有为掩人耳目或因害怕追查,将国宝书画埋入地下甚至烧毁灭迹者。杜牧《张好好诗》卷即惨遭"国兵"王学安埋藏之荼毒,杨仁恺先生书中记其事曰:

> 此人之所以下此毒手,出于上面的严峻形势,他把一批唐宋国宝埋入地中,外边风声转缓之后,再从地下挖出来。由于地下潮湿,腐蚀现象极为严重,纸本书画尚可挽救,因为埋下去的时间不长,侵蚀性通过装裱冲洗,大体还能修复;至于绢素本,大都脆断,并已脱裱,而画面上所施色彩,更无法使之复原,即是巧夺天工之高手,也无法挽救……《宣和书谱》著录的唐代大诗人杜牧之自书《张好好诗》……是一件流传有绪的剧迹……南宋时为奸相贾

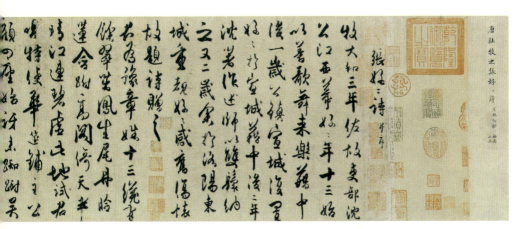

唐杜牧《张好好诗》（卷首）

秋壑所窃据，入元归大鉴藏家张晏所有，明时由董其昌庋藏，并刻入《戏鸿堂帖》中，清初则为真定相国梁清标珍秘，随后进入清内府，再经历次波折，埋入土中，挖出时已经满纸霉点，有的地方业已碎破不全。至于原来的宣和装潢，竟面目全非了。幸好此卷为唐制白麻纸本，抗腐蚀的麻纤维性能还可以，没有全部霉坏，毕竟纸质已经变化，墨色灰暗，甚而剥落，使原作的神采大为减退，再高技巧的裱画师，对此种原质上的损伤，束手无策，只能从表面上下功夫补救，已不能使之重放异彩了……埋后的《张好好诗》虽经名鉴藏家请高手抢救，然原（元）气已伤，与未埋前的保存状况相较，大有逊色。

当然，早在明末董其昌《容台别集》中，已谓"杜牧之书《张好好诗》，末有'洒尽满衿泪，短歌聊一书'，字漫不可摹"；

清初顾复《平生壮观》也记其"后纸糜烂，两句字不可读"。虽据顾氏"何伤全体"之说，知其状况应该还算可以，但两百多年后再遭土埋，则其损伤，肯定更甚。而与此卷同时被埋、传为唐玄宗颁赐毛应佺的《恤狱诏》，《平生壮观》著录为白纸，且未言其有损，所以杨仁恺先生记其被埋后"书心的破损虽较《张好好诗》卷略好，而装裱已经脱落"，也许亦与之有关。

劫后幸存的《张好好诗》卷流入市场，为收藏大家张伯驹先生购得，张氏所编《春游琐谈》卷一有其所撰《杜牧之赠张好好诗卷》一文，谓："卷于庚寅年经琉璃厂论文斋靳伯声之弟在东北收到，持来北京。秦仲文兄告于余，谓在惠孝同兄手，不使余知，因余知之则必收也。余因问孝同，彼竟未留，已为靳持去上海矣。余急托马保山君为追寻此卷。未一月卷回，余以五千数百金收之，为之狂喜。每夜眠置枕旁，如此数日，始藏贮箧中。"庚寅为1950年，靳伯声是琉璃厂书画商中精干且具眼力、魄力者，当年故宫散佚书画中的剧迹如唐孙位《高逸图》、宋徽宗《柳雁芦鸦图》、范仲淹《道服赞》等，多经其手。秦仲文（1896—1974）名裕，书画家，尤工山水，曾任教于北平大学艺术学院、京华美术学院、北平国立艺术专科学校。惠孝同（1902—1979）名均，号柘湖，满族。早年参加湖社学会，任理事。擅山水，精鉴赏，北宋王诜（晋卿）《渔村小雪图》卷，曾为其购藏。而"马保山"即琉璃厂墨宝斋书画古玩商马宝山，曾与靳伯声等一起往东北收购故宫流散书画。其为张伯驹先生洽购的名迹中最著名者，即展子虔

张伯驹（右二）、潘素（右一）夫妇与马宝山（左二）合影

《游春图》卷。其晚年结集出版的《书画碑帖见闻录》一书中，有《小白楼流出书画争购琐记》，忆当年为张伯驹先生购《张好好诗》卷之细节，似更详尽生动：

> 杜牧书《张好好诗》是唐代书法中最重要的墨宝之一……是一件历代流传有绪的国宝。末代皇帝溥仪携往长春，"小白楼事件"中被伪军王学安抢出埋入地下，见登报收购后挖了出来，售与天津古玩商靳云卿。后来张伯驹想购买是卷，托我助成其事。靳云卿是靳伯生的二弟，我和他没有来往。此时靳伯生没在北京，我便去找靳伯生之妻金

玉梅商谈，金说："此卷现在我手，你拿去给办吧。价至少四十两黄金。"张伯驹看后说："解放后不准黄金买卖，已有公告颁布，买卖应用人民币计算。"就这样，我往返与商多次，未能成交。这天我又去靳伯生家和金玉梅解释，黄金买卖是严重违法行为，我们不能做违法之事。这时靳云卿突然从里屋窜出，双手掐住我的喉咙，大声吼道："你今天不给黄金，我就要你的命！"金玉梅见状，吓得忙去解救，连声说"给你黄金"，靳云卿这才放手。我猛然受此欺侮，精神有些恍惚，乃将经过告知张伯驹，张立即同我去找靳云卿理论。靳云卿躲藏起来未敢见面，只有金玉梅出面，应允按照法定人民币办理成交。张伯驹叫我去法院告发靳云卿的野蛮行为，经金玉梅再三请求，叫靳云卿在恩成居饭店向我赔礼道歉了事。

其实，在张伯驹先生购得之前，张大千弟子、同好古代书画的藏书家常熟曹大铁先生，也曾在琉璃厂获见《张好好诗》卷，其《梓人韵语》（南京出版社1993年版）所收《念奴娇·观杜牧之赠歌伎张好好诗书卷真迹》一词后，有注语："六月上旬，偶过来薰阁书店，主人陈济川出示此卷，出热河行宫，亦长春劫灰外物也。曾见之《戏鸿堂法帖》中，不意尚在人间，真墨林瑰宝也。即欲求购，云系一贾客寄存，不可。即晚，以所见语葱玉。后此三日间，余偕葱玉同往求观，终不得再见。怀此剧迹，历久不释，遂谱此解。"其词曰："书林邂逅,识杜郎俊爽,笔精诗逸。好好音容如在眼,依约蕙心纨质。宛转尊前,轻盈掌上,弦管长安陌。沈郎腰瘦,无多消受声色。 惊心洛下东城,当炉小语,娇诉辛酸历。底事少年生白髭,吏墨政荒忧戚。徒散高阳,歌残金缕,门馆悲凉忆。感时溅泪,泪痕千载还湿。"" 葱玉"即曹氏挚友、著名书画鉴藏大家张珩先生,此时已由文化部文物局局长郑振铎(西谛)先生点名推荐,自沪赴京,任文物局文物处副处长。而其与曹氏数往求观不得一见之《张好好诗》卷,好像没过多久,就在他那里有了下落,故《马衡日记》(紫禁城出版社2006年版)1950年6月21日记:"下午,至葱玉处看杜牧《张好好诗》,乃溥仪赏溥杰物,应由故宫收购,而西谛谓字卷可以不收,奇哉。"但最后故宫博物院还是未收,张葱玉先生也力不从心,却又不能忘怀,遂于1960年国庆后一日,在其《木雁斋书画鉴赏笔记》中"杜牧张好好诗卷"条下,写下了这样的回忆:"琉璃厂估人得之,秘不示人。予北来后,间以示予。摩挲爱玩,不能释手。然力不可置,乃介伯驹以黄金五十两收之。"

除《张好好诗》卷之外,《马衡日记》中还颇记当年有关方面为收回故宫流散书画所做的种种努力,如北宋王诜《渔村小雪图》卷:

> (1950年)三月九日,晚,文物局宴刘肃曾(虢盘主人)于同和居,马夷初、沈雁冰、丁巽甫皆在座。沈部长

出示陆志韦书,谓王晋卿《渔村晓雪》卷有稍纵即逝之危险。价不出黄金四十两,彼愿借款买下,政府能于三五年内收回,彼当效劳,意殊可感。马济川允送来一阅,明日当函催之。

(1950年)三月十日,函马济川,索阅王晋卿《渔村晓雪》卷。

(1950年)三月十八日,诣于思泊,托致王晋卿《渔村晓雪》卷。

陆志韦(1894—1970),语言学家、诗人,曾任燕京大学校长。"沈部长"即时任文化部部长的沈雁冰(茅盾,1896—1981),"于思泊"为古文字学家、历史学家于省吾(1896—1984)。马济川一名马霁川,琉璃厂玉池山房老板,是较早往东北搜罗故宫散佚书画并转手倒卖获利颇丰者,其中包括最终以黄金二百二十两售予张伯驹的那件展子虔《游春图》卷。但《渔村小雪图》卷结果还是由惠孝同购得,后来才转归故宫,杨仁恺先生《国宝沉浮录》中因记:"王诜《渔村小雪图》,《石渠宝笈》初编著录,真迹。长春李植甫、天津靳蕴清售与北京画家惠孝同,后价让故宫博物院藏。"当然,也有经国家领导及有关部门特别关注,不惜重金,千方百计购归者,其中最为人熟知的,便是原清宫"三希堂"中的"二希":东晋王珣《伯远帖》和王献之《中秋帖》。《马衡日记》中1951年10月25日至12月5日,几乎逐日详记此事动态经过,当是十分难得的第一手资料。

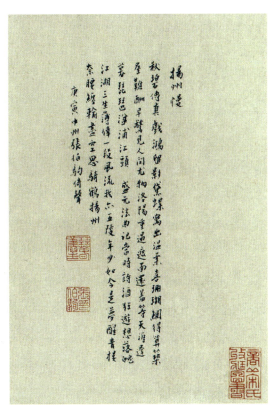

右图：张伯驹题唐杜牧
《张好好诗》卷

下图：中华人民共和国文
化部为张伯驹夫
妇颁发的褒奖状

张伯驹先生既获《张好好诗》卷,"有《扬州慢》一词题于后,云:'《秋碧》传真,《戏鸿》留影,黛螺写出温柔。喜珊瑚网得,算筑屋难酬。早惊见、人间尤物,洛阳重遇,遮面还羞。等天涯迟暮,琵琶湓浦江头。 盛元法曲,记当时诗酒狂游。想落魄江湖,三生薄幸,一段风流。我亦五陵年少,如今是梦醒青楼。奈腰缠输尽,空思骑鹤扬州。'"词中"奈腰缠输尽"一句,也许多少透露出张氏自己当年的一些境况。几年之后,此卷便连同陆机《平复帖》、范仲淹《道服赞》等一起,捐入公库。历尽沧桑的国宝剧迹,终于有了似乎是前缘注定的归宿。而有关部门颁发的奖金,据说都被主人用来购买了国家为经济建设发行的公债,唯独留下了那张文化部的"褒奖状":

张伯驹、潘素先生将所藏晋陆机《平复帖》卷、唐杜牧之《张好好诗》卷、宋范仲淹《道服赞》卷、蔡襄自书诗册、黄庭坚草书卷等珍贵法书等共八件,捐献国家,化私为公,足资楷式,特予褒扬。部长沈雁冰,一九五六年七月。

一代巨眼　木雁传真

详录两千多件中国历代书画传世之作的《木雁斋书画鉴赏笔记》(以下简称《木雁斋笔记》),是一代书画鉴定大家张葱玉先生毕生心力所聚的学术巨著。2000年文物出版社曾据原稿影印三百部,虽限于当时条件,或有不尽如人意处,但仍因其独到的学术文献价值,备受学界艺林注重。今上海书画出版社历经多年不懈努力,终于推出力求精善的新编整理点校之本,无疑为系统研读此书,并借此深入探讨诸多相关问题,提供了十分难得的便利和更为有效的途径。作为真正奠定张葱玉先生在书画鉴定领域公认权威地位的重要基础,这部三百万言的皇皇力作,通过对每件作品的著录鉴定、分析评赏,所体现出来的,无论是作者深厚的功夫学养、不凡的目光眼力,还是精到的研究心得、广博的知识闻见,都要比那本简明扼要、提纲挈领的讲稿《怎样鉴定书画》丰富具体得多。

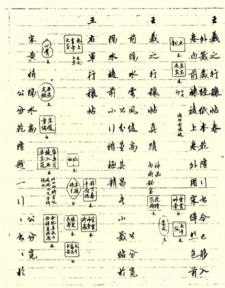

张珩（葱玉）《木雁斋书画鉴赏笔记》稿本书影

    和眼下一些书画鉴定"专家"好像什么都能看、什么都看得懂的做法不同，张葱玉先生的《木雁斋笔记》中，对许多即便是曾经过眼经手的东西，也常常坦陈尚有不明和存疑之处。因此，"姑记俟考""姑录存以俟再鉴""俟后之精鉴者论定焉""俟后之博雅者论定焉"之类的说法，不时可见。至于未见原迹者，更不妄论，正如其在王羲之《行穰帖》条下所说："右军书今世所传悉出唐摹，旧称《袁生》一帖是真迹，惜未一见，亦未敢信也。"又如蔡襄《十一月帖》："此帖草书笔致与君谟他书不甚相同，颇乏含蓄。余颇疑非君谟，或是别一人书。然历来著录已久，亦未敢遽尔翻案，俟再取真迹详审焉。"而对所见不多或不及细究者，也不马虎轻率：

> 宋人《高阁迎凉图》："此图为散册，无收藏及著录。风格在马远、夏圭间，笔墨凝重，于夏为尤近。今世所传夏圭诸迹，工整者绝少，以秃笔点染者为多，皆晚年笔。其早年风貌，尚无足够资料可以确定。此岂夏氏早岁之作欤？记以俟考。"
>
> 范宽《临流独坐图》轴："旧以无款，传为范宽之作。余细审幅中石上隐约有款，似李唐字。惜原本往年匆匆过眼，未及细阅，今不能复按。姑存此疑问，以俟他日更详定焉。"

张氏称"今不能复按"，是因为当时此图已在台北故宫博物院。《王季迁读画笔记》（中华书局2010年版）中，有王氏1959年鉴语："岩皴法似李唐，而较小，或萧照手笔欤？"至20世纪90年代，又谓"此幅应改名宋画"，皆未提及张氏所记"幅中石上隐约有款似李唐字"。然而张葱玉先生这种细致，却让其在看其他作品时，又多有发现，如宋人《蕉石婴戏图》："画湖石一峰，前后皆种芭蕉，蕉心各出花一茎，作紫红色。然蕉花并不如此，乃画家臆度如此……此图疑出北人，若南渡画院蕉花不应谬误至此。北宋末画婴孩者颇盛，如刘宗道、杜孩儿诸人。细阅之，湖石画法与《祥龙石图》卷尤近似，或是北宋末年人画，未可知也。"虽最终仍未定论，但其着眼方法，似与谢稚柳先生《唐周昉〈簪花仕女图〉的时代性》(收入氏著《鉴余杂稿》,上海人民美术出版社1989年版)一文中,以画上辛夷春花及仕女纱衣,佐证其"所表现的正是江南的风光物候",有异曲同工之妙。事实上,张、谢同为一代巨眼,又具交谊,不仅旨趣投合,且多切磋,故所见所论,常有相得。张氏说旧题郭熙《溪山秋霁图》卷,即是一例:

> 此卷旧定作郭熙,盖据卷后文嘉跋。然笔墨虽佳,终觉不类。大凡山水为最,树次之,人物更次之,不能如河阳之功力悉敌。又构图布局虽是北宋典型,亦有许多欠缺,不能工稳。谢稚柳定为王诜之作,信而有征,其树尤与《渔村小雪》无异,宜从之。

对经过仔细研究后确有心得者,张葱玉先生则直陈己见,绝不人云亦云:

> 沈周《溪山深秀图》卷:"无款,仅前一印及卷后半印,又纸接缝处自押一'沈'字小方印而已。据卷后半印,知此卷原与自题相联者。其画法信笔自然,不求姿媚,而老辣之极,以故不入时流眼目,半嗤伪迹……然石田长卷豪雄恣肆,且设色古雅如此者,亦非易见。五十年来自诩鉴赏名家者多若牛毛,而名迹当前,视同燕石,信乎真知灼见之难也。"

又如对赫赫有名的唐模《兰亭》，张氏的看法是："今世传《兰亭》墨迹，皆曾寓目。窃谓存逸少《兰亭》本来面目者，以冯承素本为最多，真是唐模中无上神品"，"余谓此卷乃现存法书第一，当不为过。卷有'神龙'小玺，故旧称神龙本，题曰唐摹。元郭祐之始以为冯承素所摹，然当时摹者尚有诸葛贞辈，何以知必书于冯？宋人之称唐摹，弥见慎重。右军书法之妙，具于《兰亭》，而此又能存其真面，故宜压倒一切，固不待冯而始珍重也。"关于《兰亭》，历代诸说纷纭。1965年，郭沫若先生发表《由王谢墓志的出土论到〈兰亭序〉的真伪》一文，全面否定《兰亭》诸本源出王（羲之）书，于是引发了那场著名的"《兰亭》论辨"，甚至还惊动了最高层。据说康生为支持郭说，组织讨论文章，让有关专家表态，便有了那本1977年10月由文物出版社结集出版的《兰亭论辨》，"上编收有郭沫若同志以及与之观点一致的文章"，有宗白华、王一羽、龙潜、启功、于硕、徐森玉、赵万里、李长路、史树青等；"下编收有与郭沫若等同志观点相对立的具有代表性的文章"，为章士钊、高二适、商承祚三家。据郑重先生《中国文博名家画传·徐森玉》（文物出版社2007年版）一书所述，徐森玉先生那篇《〈兰亭〉真伪的我见》，就是康生派人到上海请徐写的，因为"在文物界，徐森玉是一言九鼎。徐森玉和谢稚柳讨论，认为写文章支持郭沫若容易，但驳倒高二适很难。最后，由汪庆正为徐森玉代笔写了一篇绕圈子的文章，虽支持郭沫若，但又避开了和高二适的论辨。汪庆正说：写这种文章何其难也。才一夜白了少年头"。

而当时的启功先生,无奈之下,也曾有《〈兰亭〉的迷信应该破除》这样的违心之作。其实,真正代表启功先生观点的是他那篇《〈兰亭帖〉考》(后收入《启功丛稿》,中华书局1981年版),认为:"所谓摹搨的,是以传真为目的,必要点画位置、笔法使转,以及墨色浓淡、破锋贼毫,一一俱备,像唐摹《万岁通天帖》那样,才算精工。今存《兰亭帖》唐摹诸本中,只有神龙半印本足以当得起。"不仅和张葱玉先生看法一致,且所举例证,亦多略同。然张氏则因病早逝于1963年8月,遂不幸之中,幸无徐森玉、启功乃至汪庆正诸先生当年的烦恼。否则,作为书画鉴定界公认的权威,且身处国家文博机构领导职位的张葱玉先生,恐怕也将首当其冲。

张葱玉先生在评鉴具体作品的同时,往往还总结归纳出一些富有启示的见解,尤具价值。如黄庭坚《与赵景道书并诗帖》,虽自吴其贞《书画记》已有"纸墨如新,书法潇洒,内无颤掣之笔,亦为本家书"这样的评语,顾复《平生壮观》也称其"本色小楷,绝精",且"吾意以为《论书法》之大真书,《赵景道》之小楷书,诸简札之行书,自立家法之妙"。但张葱玉先生在肯定其"乃山谷简札书中上乘"的同时,更指出:"盖黄书能于小中见大,与米同工,苏、蔡所不及也。"不仅发前人所未发,且一语中的。诸如此类,还有不少:

  然今人去晋唐远,真迹传世尤少,正宜从此等书悟入。

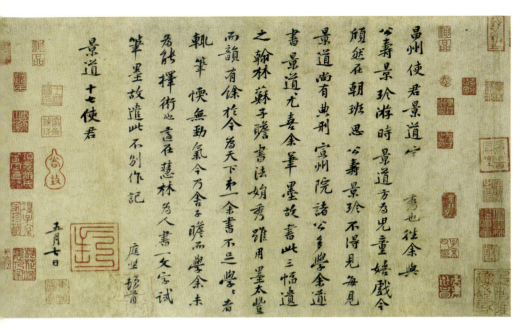

宋黄庭坚《与赵景道书并诗帖》

乃妄人每以赵书恬熟为嫌,不知此公笔笔有来历,岂可轻议?杜诗云"不废江湖万古流"者,政可为子昂咏也。后有有志于鉴定者,于此等物详阅,玩其笔法,自然有得,切不可以浮议废也。(赵孟𫖯书《归去来辞》卷)

元时北宗有二派,唐子华以宋人为宗法,不失故步,余则皆在子昂影响之下。诸家中惟朱泽民稍兼有之,故名独著;若水、叔厚则以花鸟人物名,山水非其所长,然与廷美,皆是一家眷属。(姚廷美《有余闲图》卷)

明代中期,林、吕以花鸟齐名。吕则工整艳丽而伤于刻画,林则生动爽利而失诸粗犷,各有优劣。余谓林似少胜,未识此评当否?漫记于此。(林良《寒芦宿雁图》轴)

> 吴门之清润淡雅，元人中惟云林可匹，即大痴于淡雅处亦未必毕具，此其所以独步一时，翕然风从，领袖画坛也。惟人物布景皆从古法，不复能化腐为神，仅守成规，已开画画之风，此文、沈之所以倪、王不如者也。（文徵明《品茶图》轴）

更有意思的是，在说文徵明《古木苍烟图》轴时，张氏又指出："笔法倪迂，但繁而不简，又乏虚和之气，非云林知己也。大凡明人仿云林，无一入室者，至烟客始得神髓。清人多谓娄东出于大痴，岂知得力于倪者过半耶？余于衡山仿倪诸作不作谀辞，亦《春秋》责备贤者之意也。"而在评王鉴《仿古山水》册中第八幅仿倪云林之作时，除赞其"笔墨淡雅腴润，深得倪迂笔趣"之外，更谓："大凡烟客、廉州于云林，俱能得其神趣，非石谷、麓台可及。"但针对另一件王鉴《仿云林溪亭山色图》轴"过于精整，无倪之天真烂漫"，又叹"信乎云林之不可到也"。可见张氏看画，胸次既有宏观把握，眼中又能微观区分，遂多真赏。

在评析顾恺之《女史箴图》卷后一段宋徽宗所书《女史箴》时，张葱玉先生又提出了一个值得注意的问题："瘦金书十一行，书法结体稚弱，颇多未稳处，乃早年笔，所谓不似实似者，鉴赏家所不可不知也。"就是说，真正的鉴赏，应该对那些看上去有缺点、似乎不太典型"开门"的东西，能用心研究，有自己的认识。因为书画作品的水准高低及其风格特征等，虽说都是鉴定真伪的重要因素，但其中的复杂多变，实非简单，正如张氏在《怎样鉴定书画》中所说："一位书画家的作品，既有早期、中期、晚期之别，有的甚至一期中尚有许多不同的阶段，因而出现不同面貌……即令是真迹，也还存在着优劣问题。遇到某家的一件书画，要分辨出它是代表作，还是一般的作品，或是较差的作品。作为一个鉴定工作者，把某家较差的作品看成代表作，固然不妥；将它否定，看成伪作，也是不对的。"并且指出"历来对于书画真假与好坏的关系有这样两句话：真的不一定好，假的不一定坏"，而鉴定之难，或许也正在于此。所以，《木雁斋笔记》中的有关分析，不仅多见作者心得，且每每长人识见：

苏轼书《杜甫桤木诗》卷："此书与东坡他作差有不同，疑早岁所作。"

黄庭坚《君宜帖》："此帖秃笔写，结体亦欹侧松散，山谷传世书札中之最次者，然真迹无疑。纸亦渝疲。"

米芾《林和靖诗跋》："米书不甚用硬笔，此却是紫毫笔写。用笔槎枒倔强，无蕴藉之态。余好米书，而于《珊瑚》《鹤林庵》及此帖，几欲诋为恶札。"

崔白《芦雁图》轴："此图石法甚古，惟芦雁虽工而乏生动之趣，与《双喜》《竹鸥》二图不同，或早年之作未可知也。"

而类似的情况，在书画鉴定中，可谓形形色色，时见例外。劳继雄先生《中国古代书画鉴定实录》（上海东方出版中心2010年版）中，曾记当年中国古代书画鉴定小组在鉴定上海博物馆所藏元代赵孟頫《行书诗卷（秋兴四首）》时的情形，也同样开人眼界：

> 开卷之初，徐邦达看伪；展之后，又改真。此字极似赵孟坚，是赵孟頫早年所书，无怪乎赵氏自叹："今人观之，未必以为吾书也。"可见书画鉴定之复杂。

此外，张葱玉先生对倪云林几件名作的品评，似也颇有耐人寻味处：

> 《六君子图》轴："此图三百年来称为名作，然以画论之，于云林诸作中殊非上乘，特以有大痴诸题增重耳。"
> 《容膝斋图》轴："此图于云林诸作中虽非至上者可比，要亦佳作；且长题书法精妙，尤可爱玩。"
> 《秋亭嘉树图》轴："此图笔墨腴润，点叶树及苔点虽小点，而具凝重之感。亭后芦丛尤佳，坡石远山不作折带皴，颇与云林他作不同。自题行书六行，在右上角，淡墨书，书法亦少异，盖此宋纸极光滑故也。以此知纸墨之于风格变化关系如此，即如远山，便有北宋气息。此幅非深知倪迂者不能识，即鉴家中亦不乏其人，故著以告后之览者。"

元倪瓒《秋亭嘉树图》

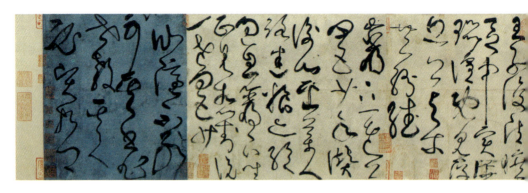

唐张旭《古诗四帖》(卷尾)

纸(绢)墨与风格之间的关系,确实也应当是书画鉴赏中一个不可忽视的方面。作为大家,张葱玉先生对此自然关注,且多用心。如其鉴张旭《古诗四帖》卷,就特别提到:"第五幅碧色,诸幅中惟此幅与鲁公《刘中使帖》纸绝近。予能识其为唐纸,余则未见有相似者。卷凡大草书四十行,开卷数行字小,后则愈大,至末纸仅四行,纸墨相发,古厚沉着,似非唐人不能到。回视开卷数行,似出二手,信乎纸之有关于书者如此也。"阅赵孟頫书《吴兴赋》卷,则谓:"此绢似早于赵,或南宋初物。书法以绢故,亦较拘谨,且有不入墨处。"甚至还注意到,傅尧俞《瞻奉帖》:"此帖因粉笺年久脱落,装潢时曾将其中部分书迹描补,致似钩填,实系真迹。"苏轼《孝履帖》:"此帖粉笺,微有磨损。然未经填墨修补,故精神不失也。"更具见解的是,在说确为真迹、但却"纸白如新"的金俊明《梅花》册时,又明确指出:"近时人于纸色洁白者动辄以为伪作,真伪之别岂在于此?大可笑也。"《王季迁读画笔记》中记南宋刘松年绢本《罗汉三轴》,先定为"神

唐张旭《古诗四帖》(卷首)

品上上,设色亦佳,当为真迹无疑"(1959年),继又谓"款字甚好,非其精品。a.绢色甚新,无人敢信其为真。b.真,极好。c.屏风所作树石并不出色,人物甚好"(1963年)。而张氏《木雁斋笔记》的评价是:"人物画法精妙,树石皆具北宋典型。松年与李唐、马远、夏圭并称'南宋四家',画迹传世独少。此《罗汉图》三幅乃其代表之作,亦南宋画中代表作品也。"

另可一说的是,《木雁斋笔记》的著录中,还多及书画用纸,尤其是宋元明简札中一些有特色的笺纸:

(宋)薛绍彭《试茶帖》:"白粉印花笺本……特笺上印花作一古铜瓶,瓶内插梅数枝,为宋笺中罕见者。"

(宋)沈辽《动止帖》:"此帖印花粉笺,作水浪纹。"

(宋)苏轼《久留帖》:"金花粉笺本。"《至常帖》:"宋印花笺本……此帖与前《久留帖》,笺纸极精美。"

(宋)张即之《微贽帖》:"此帖笺纸,印荔枝一树,宋笺中之甚精者。"

宋人《均庆帖》："影花粉笺本……其纸印荔枝一株，甚精。但与张即之《微赟帖》上之图案不同。"

（元）龙应《颐寿堂诗帖》："元黄印花笺本……此纸腊印，作山水楼阁，极为精美。其楼阁前有石桥及前后二坊，前坊上书'通门坊'三字，后楼上书'西楼'二隶字。虽未必完全反映当时实景，亦可概见一般也。"

（元）张枢《次韵杨维桢诗帖》："元黄砑蜡花笺本，上梅花一枝。"

（明）罗汝敬《宁静斋铭》："明栗色纸本……其纸上印银色梅竹及卷云，甚精。"

（明）蒋骥《宁静斋说》："栗色纸，上加银色梅竹及流云图案，颇似高丽或日本制也。"

（明）韩文《谒陵诗帖》："淡黄砑蜡花笺本，作山水、茅亭、蕉柳。"

（明）唐顺之《中麓草堂藏书歌》："明回文花边纸本，带直栏。"

（明）瞿式耜《叠韵牡丹诗帖》："明诗笺，黄纸，外小框，内刻梅花残落，极工；后刻'萝轩落梅笺'五字。"

友人梁颖先生于历代笺纸素有研究，尝由上海图书馆数十万通明清名家尺牍珍藏中，择笺纸精美且具特色者，独创分类，用心排比，成《尺素风雅——明清彩笺图录》（山东美术出版社2010年版）两大巨册；在此基础上，又有《说笺（增订本)》(上海科学技术文献出版社2012年版),为第一部系统考述历代笺纸形制演变、工艺技术及相关史事掌故的专著。其说唐代及宋元笺纸,叹存世实物稀罕难见,因就历代诗文、方志笔记、近人著述,乃至谱录图册等各类文献,广征博考,所获不少。如前引张氏所揭宋代薛绍彭、沈辽、苏轼、张即之诸札,皆已述及。不知张氏所记其他各种中,还有可资其一说者否?

郑重先生在其《中国文博名家画传·张珩》(文物出版社2011年版)一书中,记张氏旧友谭敬、汤临泽等当年仿制古画、作假出售之事,并"把复制品带给张葱玉鉴定,但不说明来路。张葱玉看了几次之后,都认为是新仿的东西。他心中已经清楚是谭敬、汤临泽等造的,只是不便点穿"。但《木雁斋笔记》中,则多如实备录:

> 宋徽宗《四禽图》卷:"区斋旧藏物,汤临泽曾摹制一本,与真无异……曾并几对勘,不能辨也。"
> 袁泰《七言诗帖》:"汤临翁尝借余此册去,留逾年。后于市上见管夫人《凤舞竹卷》后有泰一诗,细观即从此帖凑集而成者,字体如一,亦云巧矣。盖临翁所摹仿者,俗眼正未易辨,因记于此,以告来者。"
> 朱德润《秀野轩图》卷:"藏开平谭氏时曾有摹本,几可乱真,为美国购去,不知真龙固在是也。"

尤其是元人盛懋《秋江待渡图》轴，更揭出："在区斋时曾有摹本，用真元纸画，几欲乱真，后之览者宜慎之。"不过，张氏所述中，确实皆无直接批评指责之语。即便是郑先生书中另记新中国成立后不久，张葱玉先生一位老朋友欲将明知是假的赵原《晴川送客图》伪本收入故宫博物院，请曾藏此图真迹且知谭敬等作伪实情的张葱玉先生"不要讲话"，终遭张氏坚拒等等，张氏在著录中也都不着一字。但对那些在古书画上乱钤藏印，甚至随意题写等污损名迹的做法，则语多直斥：

颜真卿《自书告身》卷："卷中恭王及溥儒诸印，恶俗不可名状，真书画一劫也。"

李嵩《西湖图》卷："图中乾隆诸玺极可厌，所谓大杀风景者，此公是。"

元人《雪篷题咏》卷："陆心源书各家小传，大都在本人名款下，或其前后，大损厥观，可恶可恶。"

宋人《秋葵图》轴："幅中下方有近人藏印，印色鲜红，且字迹糊模，大损画面，殊为可厌。今人辄好以劣印乱盖画上，一无慎重之意，可慨也。"

对自己昔日的不慎或过失，也并记反思：

杜牧《张好好诗》卷："今之司典藏之责者，亦间有乱加印章，紊乱序次；亦有为人鉴定，印章之外，书名于画

明赵原《晴川送客图》

幅者，此岂典藏之所宜？抑亦为鉴家之羞？余少年时多所收藏，亦复每以印鉴识之。虽当时以梁、安为法，仅于隙处盖之，久亦渐悟其非。三十后所得，不复再用印记，至今非之，且引为耻。每劝人勿用印，人辄嗤焉。亦记于此，以示后之来者，其亦知所耻夫？"

边文进、王绂合作《竹鹤双清图》轴："此图近时裱坏，致双鹤失神，大可惜！吴中鉴家一派，皆尚新裱，每出己意，大坏古画。余少年时亦中其流毒，后乃悟其谬也，来者其鉴诸！"

而对熟人，不管是好友还是一般相识，也都毫不客气：

沈周《玉楼春图》轴："此图本书画皆佳，石田晚年花卉中不易多得者。后为吴湖帆截去薛题，并于牡丹上添以紫色，致损佳迹……湖帆真妄人哉。"

王冕《墨梅图》轴："此图安氏旧藏，《墨缘汇观》不载，或以其疲破过甚，描补过多，不足为收藏家增重耳。今在陈仁涛处，陈乃妄人，诸印大可厌。"

孙知微《江山行旅图》卷："纸色洁白如新，真宋人之作无疑……卷后归陈仁涛，盖印甚多。陈一俗贾，而多收诸古物，有颇可观者。"

张氏曾在其《日记》（上海书画出版社 2011 年版）"1939 年 3

月18日"条下，称陈仁涛为"俗而附风雅者"，不知《木雁斋笔记》中所述，亦是其原因之一否？

昔日曾于《安持精舍人物琐忆》中，读到密韵楼后人蒋谷孙某年从北平藏家袁励准（珏生）处骗得清初名家王鉴《潇湘白云图》轴之始末种种，颇觉发噱好玩；而张葱玉先生《木雁斋笔记》内，亦记此图系"袁珏生旧藏，为蒋谷孙赚归海上，以八千金售诸王伯元。其中一段故事，足补《书画说铃》"，则更知此事应非虚构。张氏书中，还记另一件同为袁氏旧藏名迹的米芾《虹县诗》卷，略谓："忆癸酉岁厂友携来沪上，得一展玩。时索值万金，余许以十之六，事不成，逡巡持去，仿佛如昨日事，忽忽已三十年，而此卷遂不复见。中舟卒后，所藏俱散，惟此迹不知下落，今岁始悉已流入日本矣。"而据叶恭绰先生《遐庵谈艺录》所记，当年袁氏获得此卷，也是巧取豪夺。其事不仅能和张氏所说互为补充，且可与袁氏所藏被蒋谷孙设计骗走之种种，相映成趣，因就叶书原文大略，移录附此：

  米元章《虹县诗》帖……此物之流传，颇有可纪者。乾隆末，由何人所藏移归英煦斋（和）家。其后人不能守，至清末，乃介绍越千（绍名英，为其戚）出售，流于厂肆，辗转为景朴孙（贤）所得。民十三，朴孙将售所藏书画，余与冯公度合购其宋、元作品多种，议价未谐。一日，袁珏生来，询余是否决要此批作品，云可为撮合。余漫应之。

次日，朴孙允如初议。是否珏生从中斡旋，不得而知。厥后珏生向朴孙云，此事非渠不能成功，要求朴孙以《虹县诗》帖为酬。朴孙竟未询余，遂以与之。余经年始知其事，亦未加诘问。今二人俱已下世，物复易主。所以书此者，亦以见烟云过眼，转瞬皆空；巧偷豪夺，徒滋话柄也。

细读"黄跋"见真赏

生当乾(隆)、嘉(庆)之时的"百宋一廛"主人黄丕烈,不仅以富藏宋版珍本、多收旧抄秘籍而被称羡当年,且其所撰藏书题跋,尤为后世追捧,独号"黄跋",至有蒋汝藻,韩应陛,海源阁杨氏,适园张石铭、张芹伯父子等刻意收罗黄跋之本并成相当规模的名家专藏;以及从潘祖荫《士礼居藏书题跋记》,缪荃孙《士礼居藏书题跋续记》《士礼居藏书题跋再续记》,缪荃孙、章钰、吴昌绶《荛圃藏书题识》,王大隆(欣夫)《荛圃藏书题识续录》《荛圃藏书题识再续录》,一直到今天仍在延续的搜辑和汇编印行,则其魅力,可见一斑。

昔洪北江论藏书诸家,有考订、校雠、收藏、赏鉴、掠贩数等,并列黄丕烈、鲍廷博为赏鉴名家。而黄氏于历代版刻之精鉴,亦确具眼力心得,堪称真赏。如其虽以"佞宋"自号,但绝非盲目耳食,故王欣夫先生在《荛圃藏书题识》

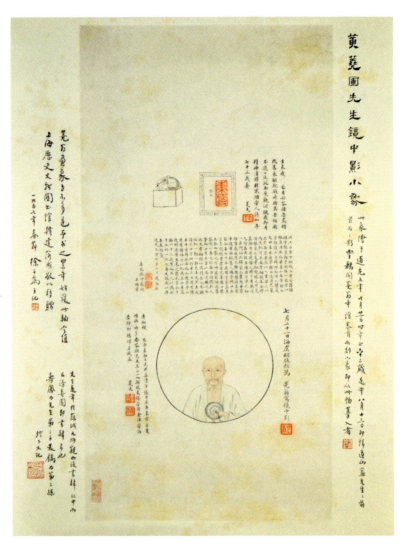

《黄荛圃先生镜中影小像》轴

及《荛圃刻书题识》的书录（收入鲍正鹄、徐鹏整理《蛾术轩箧存善本书录》，上海古籍出版社2002年版）中，特别指出其"所贵乎宋椠者，非如古玉名瓷，徒供玩赏。荛圃跋《影宋〈战国策〉》云'书以最先者为佳'，信不诬也。盖一经传刻，必增亥豕之讹，故宋椠可尚。然亦不轻元、明……又能兼重校本……故其题跋，颇列元、明刻，尤多抄校本，惟善本之是求，无淄、渑于胸中，岂徒局于佞宋而已"。今细读黄氏书跋，则那些虽非宋刻，但经其研究校读后知为珍稀精善者，几可谓开卷多见，且以明刻为说：

  书本之善者，不必定以宋元本为可宝也。即如《博雅》，惟《敏求记》载有缮录本为最古矣。但藏之故家，一时传布未广。昔贤读书，亦讲善本。陈少章先生曾有手注《绛云楼书目》，在陈云涛舍人家，张秋塘录副，因得寓目。少章云："《博雅》，皇甫本，佳。"则明刻之可贵不亚宋元，推此种为最，后人勿轻视之。（明刻本《博雅》跋）

  书有不必宋元旧刻而亦足珍者，此种是也。《述古堂书目》云邓肃《栟榈集》二十五卷，犹是足本，近时传本则为十六卷矣。古书失传，即此可见……余得是书即游杭，自杭归，知贝简香亦得是集抄本，传闻是十六卷。及假观之，乃知亦二十五卷本，且即从此刻出者，然已远不逮矣……乃开卷第一叶去"永安后学""知永安县事"二行，添"古诗"二字于第三行为一行，又改"皇帝"空格为提行顶格，以符此刻半叶之行款，失其真矣。卷中磨灭处，字迹黏涂者皆阙之，此刻犹可辨认。卷中阙叶累累，所据不如此刻之完善矣。向以书必刻本为胜，观此益信，勿谓明刻不足重也。（明刻本《栟榈集》跋）

而明刻之中，尤重明初旧本："刘仔肩《雅颂正音》五卷，家俞邵《明史·艺文志》有其目，然世不多有。此刻信属明初旧本，楮墨间犹饶元刻气息……是册出吴枚庵家，余以一番钱得之。稍有破损，兼为字纸衬其腹，因命工重装，以旧纸补缀之，工料费又加一番钱。爱明刻书如此，余不当自笑其愚耶？"这样的识见，有时也许来自那些真正懂行的书贾："向闻钱听默言，书籍有明刻而可与宋元板相埒者，惟明初黑口板为然，故藏书家多珍之。余自聚书以来，宋元板固极其精妙，而明初黑口板亦皆有佳绝者，即如此《周职方诗文集》二卷，世鲜有著录者。初书友携数册古籍来，余惟爱此种，因并他种求售，不果。后从他处得之，价易青蚨二金余，于以见书籍之可珍者，虽明刻亦不甚贱也。"钱听默固属当年洪北江称作"掠贩"的著名书贾之一，然其经验目光，皆从谋生立命的买卖中来，实不可小觑。而后来版本名家叶德辉在其《书林余话》（附氏著《书林清话》，中华书局1999年版）中亦谓"明嘉、隆以前，去宋元未远，所刻古书，尽多善本"，即能证此。

更值得一说的是，黄氏对明初刻本中那些当时各家诗文集原刊精本的特别关注和用心搜求，已不仅仅限于就书论书

的版本鉴赏,而是更多地兼及其珍稀独到的文献价值:

> 明初人集偶见即录,故所收不下数十种。凡有名于当时者勿论已,即有梓本不甚流布,因见是本,遂证诸向来诸藏书家目录,其名氏爵里纤悉相合,俾恍然于某某之集,标题如是,卷第如是,而我所以知珍重之者,皆古人有以诏我也。独此守黑先生文集,为上虞夏时中著,自见之始知之,求向来诸藏书家目录为之左证,无有也。虽繁称博引如家俞邰《明史·艺文志》,案朝代求之,蔑然无有焉。亦奇矣,亦秘矣。则是书之得见,岂不可喜耶?顾余独有感者,守黑为洪武时人,非有明锐近可比,集本颇多,或加采择,遂致湮没不传。乃褒然成帙,皆系古文,非一二风云月露之作,亦随颓波逝水以俱亡,何不幸耶!余就卷中得其身世大概,知守黑怀才未遇,抱道自高;中年失明,留心著述,无显爵高位于当世,故虽有专集,不登国史。向使无此板本,几几乎与草木同腐矣。幸有集梓以传后,使后人见而知之,胜于闻而知之,不尤可喜耶?(明刻本《守黑斋遗稿》跋)

其实,这类当时因名位不显而传本少见的前贤著述,也许恰是后世难得的有用资材,因此,能重视并发掘者,往往是那些真正懂书并有历史眼光、文献意识的藏家。20 世纪 50 年代初,黄裳先生在杭州书肆偶见明初黑口本《睍颜先生诗集》残卷，"估人执以为元张耒集，余读陈序，知作者杨姓，非张耒也。告之，意颇不慊，执以为元板，索重值。余以其稀见，且有文瑞楼、振绮堂两家印记，亦不欲弃置，终买之归。检阅卷尾，方知割去两行，已非完本，意颇憾惜。后一年更游湖上，主人执一册见示，曰前书后半已于故家收得，仍留以归余，仍前一册之价。余亦不惜，而特喜其得剑合珠圆也"（《前尘梦影新录》，齐鲁书社1989年版），遂使此仅存孤本，得传至今。而"耒诗虽未名家，于明人著作中，亦非下乘……梁维枢《玉剑尊闻》、余澹心《东山谈苑》，皆记耒轶事，似其人深通黄老之术者"（《来燕榭书跋》，上海古籍出版社1999年版），则其所作，似亦不乏可取。此集之外，另有嘉靖间包梧《白崖先生集》原刻，也是当年黄裳先生慧眼独具、沙里淘金的得意收获，因为包氏其人不仅"为文奇绝雄俊，自成一家言"，且其虽籍贯四明，而"其集并天一阁亦无著录，是真孤帙矣"。

至于那些历享声誉的明代名家之集，虽然至黄丕烈时，或已多诸本行世，但黄氏所求，仍重初刻原刊："余藏明初人集高、杨、张、徐四家，独阙《眉庵》一种。向书估从太仓收来者，非企翱所梓，故不之取。今周香岩丈慨然以此册赠余，可云四美具矣。始得徐集于顾八愚家，次得张集于顾听玉家，次得《缶鸣集》于书肆，兹又得此，合四集于一处，其收罗不煞费苦心耶？后之读此四家诗者，弗谓原刻之易得也。"（明刻本《眉庵集》跋）此所谓"高、杨、张、徐"四家，即明初以诗文著称文坛的高启、杨基、张羽、徐贲。除高氏《缶

《晞颜先生诗集》明初刻本书影

鸣集》外,明成化间张习曾先后刻杨氏《眉庵集》、徐氏《北郭集》、张氏《静居集》,皆黑口四周双栏,半叶十一行,行二十一字,是为三集原刊善本。傅沅叔(增湘)先生有《张习刊本明初三家集跋》(收入氏著《藏园群书题记》,上海古籍出版社1989年版),评说其事:

> 张习字企翱,嗜刻书,多密行细字,号称精雅,为世所重……此明人集尚有高青丘之《槎轩集》,合为明初四大家,企翱为广东佥宪时所刊。高、杨、徐皆吴人,张籍浔阳,而侨居吴中,故当时称为"吴中四家",以拟唐初四子焉。其搜辑之勤,详企翱诸集后跋。然历年久远,传世绝稀。余昔年在吴阊得杨氏《眉庵集》,为周香严所藏,黄荛圃手跋。董绶金同年见而悦之,强以他书易去。昨岁徐梧生遗书中闻有张刊《静居集》,急踪迹之,已为朱翼盦收得。因假归,以豫章新刊本校之,改订至二百字,始知昔人推为佳椠,良非虚语……至万历时陈邦瞻刊本,则《静居集》改为四卷,《北郭集》改为六卷,非复张氏之旧第,其舛误正不胜纠矣。

则黄氏当年"非企翱所梓,故不之取",似可谓"先知先觉"。

对无法觅得原刻善本者,黄氏往往留意友人所藏,借以校订自家之本。其跋旧抄本《丹崖集》曰:"此抄本《丹崖集》,余藏之箧中久矣,疑是影写本。顷访同年友于琴川,出所藏古籍相欣赏，见有黑口板天顺本《丹崖集》，遂携归手校一过。卷中空格皆墨钉，有题无诗处亦同，抄所误者可据刻本正之。行款间有与刻本殊者，当是抄所改耳。此实照写，非影写也。余于元末明初人文集，颇蓄黑口板，今此集得友人藏本，可以校正。"《丹崖集》系元末明初会稽唐肃的诗文别集，有明天顺八年（1464）平湖沈琮所刊八卷本，传世极罕，今日本静嘉堂文库所存原归安陆氏皕宋楼旧藏之本，恐怕已是人间孤帙。二十年前，笔者访学东瀛，在调查日本公私所藏珍稀明人诗文集时，曾经细阅，并有详记。书为黑口黄棉纸，半叶十一行，行二十字。前有金华宋濂洪武四年（1371）春序、九灵山人戴良序，以及洪武八年（1375）吴郡申屠衡所撰《息耒稿序》。卷端题"丹崖集卷 ×，会稽唐肃处敬著"，卷一赋，卷二古诗五言，卷三乐府歌行，卷四律诗七言，卷五记，卷六序，卷七箴铭，卷八题跋。后有附录，依次为《唐应奉行状》（翁好古）、《翰林应奉唐君墓志铭》、金华吴沈等十二人各撰之《丹崖先生画像赞》、苏伯衡《吊唐丹崖先生文》及莱山王宥等六人之"挽章"，最末为天顺八年（1464）夏五月平湖沈琮所撰刊书后记。比照上海图书馆所藏该集旧抄本两种，一为杭州叶景葵先生旧物，书衣所题"丹崖集八卷附录一卷，景明写本，壬戌嘉平购之镜古堂"，似出叶氏之手。全书行款虽同天顺原刊，但缺宋濂、戴良二序，且间有装订错乱。另一种著录为"明抄本"，蓝丝界行，版心下有简体"淡生堂抄本"字样。除同前者一样无宋、戴二序之外，并缺附录中《吊唐丹崖先生文》及赣人曾旭、许昌滑寿、浚仪王旭三篇挽章，且其正文行款又与前者及天顺原刊略有不同，为半叶十行，行二十字，似即黄氏所谓"此实照写，非影写也"。再校文字，颇有讹误，甚至整行脱漏等，乃知天顺原刊之珍贵，非仅仅因为其传本稀罕。

黄丕烈跋其所藏旧抄本《金兰集稿》，忆及嘉庆二年（1797）所见宋本《温国文正司马公文集》中，有"徐达左印""松云道人徐良夫藏书印"二印，又有"国初吴儒徐松云先生收藏《温公集》八十卷，缺九卷，雍谨抄补以为完书云。弘治乙丑秋九月望日石湖卢雍谨记"三行墨书细字。"余初不知徐松云先生为何人，后谒钱少詹于紫阳书院，告以姓徐名达左字良夫者，少詹曰：'子何忘之耶？即元末明初类编《金兰集》者也。良夫世居吴之光福山，今有徐友竹，善铁笔而富藏书者，即其子孙。'归家检《金兰集》阅之，知良夫所与游者，皆一时名公巨卿、高人逸士。倪云林题其《耕渔轩诗》云：'载耕载渔，爱读我书。'则良夫之书必多且富矣。惜《金兰集》中大都叙其友朋唱和之乐，而于藏书未一及焉，为恨恨耳。"友竹名坚，字孝先，以篆刻名世，有《西京职官印录》等。汪启淑《飞鸿堂印人传》卷四有其小传，然未及其家世祖先。叶昌炽《藏书纪事诗》及王欣夫先生《补正》，虽广征《苏州府志》《倪云林集外诗》、吴宽《题东坡遗张平阳诗真迹》、黄丕烈《百宋一廛赋》、卞永誉《式古堂书画汇考》、俞贞木《建宁府儒学训导徐良夫墓志铭》、陆心源《仪顾堂续跋》等文献所记，多方钩稽徐良夫生平仕履、师承交游、书画鉴藏、生卒著述等，而于徐坚其人其事，则未著一字。黄裳先生于此种种，亦颇关注，其《西京职官印录》《余冬琐录》诸书题记（皆收入氏著《来燕榭读书记》，辽宁教育出版社2001年版）中，皆就平日所见所获，排比考索，而《前尘梦影新录》卷五"西京职官印录二卷"条下，更综述其历年搜讨之始末大概，今稍节引，以见大略：

> 坚字孝先，居苏州光福，世有诗人。坚一生作幕，未尝入仕……初余于吴下得其所刊《金兰集》，为金元功藏本，始知坚姓氏。后于士礼居题记中见所得光福徐氏书，疑为坚所藏而未确也。后乃于吴下收得旧抄坚自叙一册，题《余冬琐录》，始得悉坚生平。此自叙合众图书馆亦藏一本，且覆印，惟所记至七十岁而止。余本则止于九十一岁，后亦无跋尾，终不知其卒年。自叙所著平生出处甚详，琐琐有致。于幕游生涯、师友往还、书画金石，以至行役舟车、闲居清况，都入卷中，读之忘倦……又尝于估客箧中得坚所制《岳麓双松图》轴，颇高古，亦重装藏之。又数年，乃于海上书林得《茧园烟墨著录》二卷一册，嘉庆中石契斋刻本，雕椠精绝，作颜平原书体。其书所著，为坚所制书画巨迹著录，自引首题诗，以至卷尾题跋，一一著录，所涉坚生平师友者不少……此册之刊刻考证，多出沈钦韩手。

又于吴下收得《光福徐氏家集》一册，为坚先世诗集汇刻之本，亦嘉庆中石契斋刻，写手雕工，与《烟墨著录》一般无二。编辑亦出钦韩之手。集共三种，曰《南峰杂咏》，它二种不能忆矣。乃未几又得此三集之原刻者于海上书林，皆乾隆刻，戋戋小册，非一时所刊，乃与重刊之本同集余斋，亦是胜缘。

又存世《石鼓文》宋拓善本中，明锡山安国旧藏"先锋""中权""后劲"三本，最为著名。其"中权本"上，有"徐氏良夫"朱文印记，及倪云林观款："癸丑中秋观于耕渔轩，倪瓒。"安国跋语中亦谓："册中有徐氏良夫印，知为吴门徐良夫旧物。其《耕渔轩杂掇》记载此鼓及《大观帖》同得之某相国后裔，为政和二年赐本。考云林先生流寓吴门时，与徐良夫最相契合，诗词唱和，乐共晨夕。此有其题款，且加用印章，其当日重视此鼓，可知也。"另由茅子良先生《艺林类稿》中《明安国旧藏〈石鼓文〉三种鉴藏流传考略》一文，又知倪瓒还曾于徐氏耕渔轩中，与主人及宾朋共赏怀素《酒狂帖》、苏东坡《村醪帖》，并为徐氏"写小景并赋赠七绝"。

黄氏书跋之中，尚多记其与同时名家钱大昕缘书往还、请益切磋诸事，且由版刻，兼及金石。其《求古精舍金石图序》中曾记："余以求古名其居，为藏宋刻书籍也，因自号'佞宋主人'。间亦收藏石刻，得蜀石经《毛诗》残碑，持示潜研老人。老人曰：'子佞宋，将效予之佞金石乎？'盖潜研嗜金石，

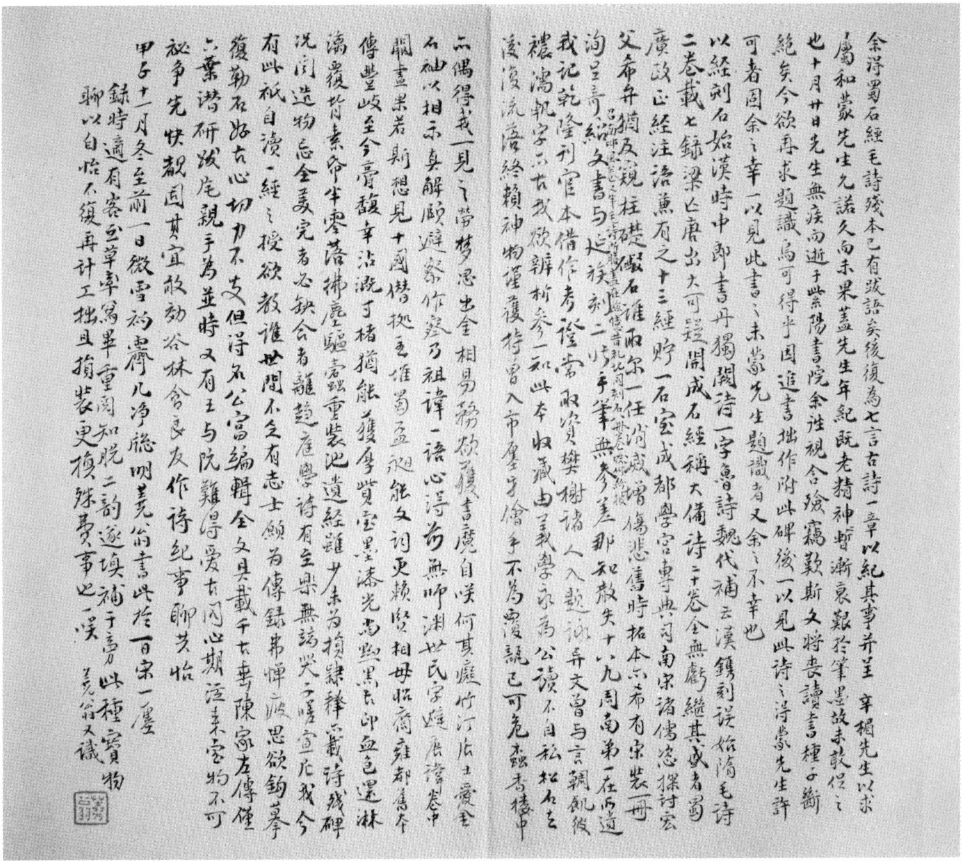

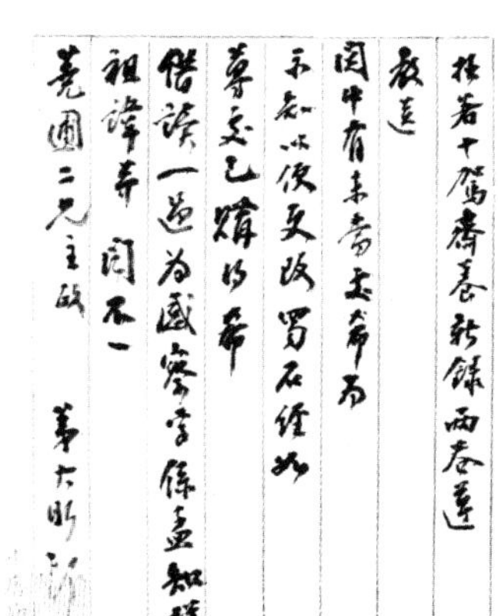

上图：宋拓孤本蜀石经《毛诗》黄丕烈题跋

左图：钱大昕致黄丕烈书札

著有成书，一时学者多宗之。"今上海图书馆所藏宋拓蜀石经《毛诗》残本，即黄氏当年所获之物，有其嘉庆九年（1804）芒种后一日及冬至前一日两次题跋，是为书跋之外更为难得的碑版"黄跋"，尤足珍贵。册中还另附钱大昕致黄氏书札一通，据仲威先生《善本碑帖过眼录》所述，系嘉庆九年春夏间之作，故几可视为钱氏"绝笔"。其内容为钱氏以所著《十驾斋养新录》赠送黄丕烈，同时请借蜀石经一阅，并告知该石经中"察"字，系后蜀孟知祥祖讳。凡此，皆能窥两人平日交流之情状。而黄丕烈在老友去世后重对此札、感慨系之的那首诗作，更将其内心的悲伤失落，尽叹纸上：

> 年来心绪乱如麻，须鬓斑然感岁华（余于今春有丧明之痛，入秋又复丧兄，故云然）。当世几人能爱古，抚躬何学是专家。老成凋谢谁相访，书卷飘零亦自嗟（近年力绌，以卖书为买书计）。留此聊为金石佞（余每谓辛楣曰我辈佞宋，辛楣先生亦戏答曰若余则佞金石），廛中宋刻未须夸（余喜聚宋刻，颜所居曰百宋一廛。今此刻出蜀广政，又在北宋前矣）。

赵万里：一生为书

在赵斐云（万里）先生（1905—1980）不算太长的七十五年生命历程中，竟有五十二年的工作时光，与图书馆的古籍善本相伴；而今收入洋洋三卷《赵万里文集》（以下简称《文集》）的著述文字，也绝大部分与此相关，则其一生为书，可以想见。

当然，除了书，赵先生在其他方面的学术成就，亦不乏可观：年方二十，便在大学临毕业前离校北上，拜时任清华国学院导师的王静安（国维）先生为师，并兼助教。1927年，静安先生辞世之后，又在编辑《海宁王静安先生遗书》的同时，陆续编成如今皆收入《文集》的《王静安先生著述目录》《王静安先生年谱》《静安先生遗著选跋》《王静安先生手校手批书目》等，对后世研究王氏其人其学，功莫大焉。再由《文集》所收《斐云词录》《谈柳词》《词概》，以及《天宝遗事诸宫调校辑》《关汉卿史料新得》诸作，能知其倚声填词的创作水准和词曲研究之功力造诣。至于《文集》之外专书另行的

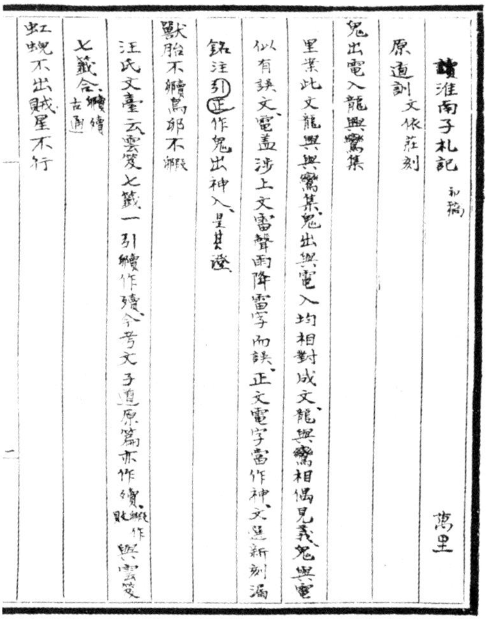
讀淮南子札記 初稿 萬里
原道訓 文依莊刻
鬼出電入龍興鸞集
里案此文龍興鸞集鬼出與電入均相對成文龍興鸞相偶見義鬼興電
似有誤文電蓋涉上文雷聲雨降雷字而誤正文電字當作神文選新刻漏
銘注引正作鬼出神入是其證
獸胎不贕鳥卵不㲉
汪氏文臺云雲笈七籤一引贕作殰今考文子道原篇亦作殰㲉作毈雲笈
七籤合贕殰古通
虹蜺不出賊星不行

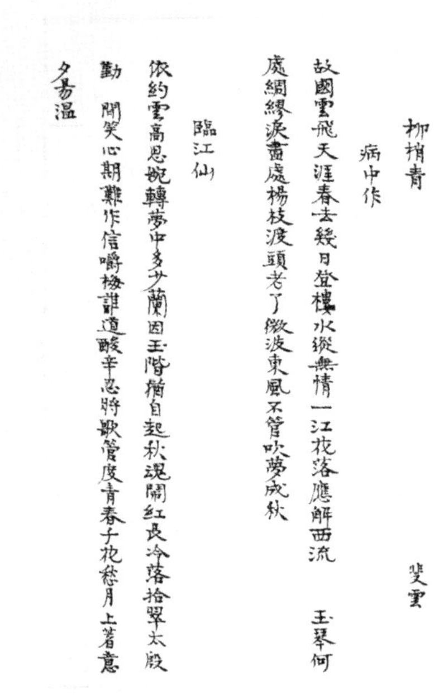
柳梢青 斐雲
病中作
故國雲飛天涯春去幾日登樓水縱無情一江花落應解西流 玉琴何
處綢繆淚盡處楊枝渡頭老了微波東風不管吹夢成秋
臨江仙
依約雲高思婉轉夢中多少蘭因玉階猶自起秋魂鬧紅良冷落拾翠太殷
勤 開笑心期難作信嚼梅誰道酸辛忍將歌管度青春千花愁月上著意
夕陽溫

左图：赵万里先生著述手稿

右图：赵万里先生词稿

《汉魏南北朝墓志集释》（科学出版社1956年版），更是极具学术价值且影响及今的金石学经典名作，因而被台湾鼎文书局（1972年）、广西师范大学暨鸿宝斋（2008年）等一再翻印重版。此外，由《文集》中《中国史料目录学讲义》《目录学十四讲纲目》《校勘学纲要》《版本学纲目》等赵氏当年在北大、清华授课的讲稿提纲，又可见其在文献学专业教学中独到的心得见解和视野方法。如"特重中国文学及文学史之新旧史料"的《目录学十四讲纲目》中，"目录学不限于线装书本，凡一切地下材料及古代美术、艺术遗物皆属之""古铜器中韵文铭识与《诗经》之关系""汉石经、鲁诗与毛诗之异同""石刻镜铭中之六朝文学史料""唐人选唐诗略说""旧本宋词编次法之特点""宋刻词集之分布区域""毛晋父子保存旧本词集之经过""明代别集总集中之短篇散文""明清八股文学史料"等专论章节，无不堪称启迪思考、发人深省之说。而其当年在课堂上的风采，则尚小明先生所著《北大史学系早期发展史研究（1899—1937）》（北京大学出版社2010年版）中，也有评述：

> 年轻教师中，也不乏出类拔萃者，如赵万里，1929年8月到史学系任教的时候，只有24岁。他是一位版本目录学家，史学系的必修科"中国史料目录学"一直由他讲授，很受学生欢迎。

任教于北京大学时的赵万里先生

更多引当时亲历者所记：

  赵先生是教"中国史料目录学"的，年纪在二十几至三十左右。蓬蓬勃勃的神气，严肃而带有刺激性的面孔，会教你见而生畏。每当讲书时，用一种紧急的声调，"烟士披里纯"的口吻，滔滔不绝的演述着。每一个同学，屏着气息，不敢说话，不敢笑，不敢斜视。侧耳静听，除写字飕飕声外，一切都在沉默着……我们没有一个不是心悦诚服的接受。（夏岩《关于北大的两个青年教师》，《大学新闻周报》第2卷第18期，1935年1月14日）

  赵万里先生的"中国史料目录学"，虽然只是史学入门的课程，但他将几千年来中国历史史料的来源、内容、演变、分散情形、重现经过、可靠性等等……原原本本，一五一十的介绍给这班青年史学家。也不知道他怎么对于史料这样

熟，真所谓"如数家珍"。（朱海涛《北大与北大人：课程与图书》，转引自陈平原、夏晓虹编《北大旧事》）

尽管有此种种，但对二十三岁进入国立北平图书馆、历任中文采访及善本考订组组长并服务终身的赵万里先生来说，为图书馆访求、典守善本珍藏，或许才是其毕生精力和心血的真正所在；更确切地说，为了那些"宝贝"，他尽心尽力，甚至还有几乎不近情理之举。

抗日战争期间，蛰居沪上"孤岛"的郑振铎先生，在错综复杂的险恶形势下，与张菊生（元济）、张咏霓（寿镛）、何柏丞（炳松）、张凤举诸先生，共同发起组成"文献保存同志会"，为当时的中央图书馆和北平图书馆秘密收购古籍珍本，抢救在战火中流散的故家旧藏。在此过程中，得到了王伯祥、张葱玉，以及张耀翔夫妇、王馨迪夫妇等在沪友人的各种帮助；而北平方面，间道来沪的徐森玉先生和往返两地的赵万里先生，助力尤多。刘哲民、陈政文两先生所编《抢救祖国文献的珍贵记录——郑振铎先生书信集》（学林出版社1992年版）一书中，"致张寿镛（咏霓）"诸信所述有关种种，并"赵万里先生昨来一函，可见其为我们得书之辛苦""赵先生为我们尽力极多"诸语，皆可见当时情形之一斑。

1949年新中国成立，郑振铎先生受命赴京，主管文化部文物局事。不久，赵万里先生也在原北平图书馆更名为北京图书馆后，出任善本特藏部主任。受文物局委派，他常常亲出访书，四处网罗珍本。而为将各家私藏谋归公库，千方百计之下，竟招舆情不满，怨声颇起。其间内情，上海图书馆《历史文献》第十六辑所刊柳向春先生整理的《郑振铎致徐森玉函札》六十多通中，多直言不讳："斐云在南方购书不少，且甚佳，其努力值得钦佩。惟心太狠，手太辣，老癖气不改，最容易得罪人。把光明正大的事，弄得鬼鬼祟祟的，实在不能再叫他出来买书了。浙江方面对他很有意见。先生是能够原谅他的，否则，上海方面也会提出意见的。"虽责怪之中仍有赞赏，却也是实话实说。"老癖气"可能指赵氏平日一贯比较高调，民国间王佩诤先生撰《续补藏书纪事诗》（收入伦明等撰《辛亥以来藏书纪事诗（外二种）》，北京燕山出版社1999年版），其记陈乃乾、赵万里两位的一首中，即有"恂恂儒雅陈仲子，虎虎生气赵王孙"之喻，并于诗注中述陈氏"其为人也和平中正，休休有容"；而赵氏则"二十余年前来苏，主瞿庵师家。见其入门下马，行气如虹；头角崭新，睥睨一切"。"鬼鬼祟祟"似较形象，邓之诚先生在1950年1月29日的日记中，也称赵氏"人极诡谲。今年以四千万人民券买铁琴铜剑楼之书十二箱以归公。欲买吴县潘氏滂喜斋之书，未果"（邓瑞整理《邓之诚文史札记》，凤凰出版社2012年版）。而沈津先生《顾廷龙年谱》（上海古籍出版社2004年版）"1950年1月6日"条下，引顾氏日记曰："赵万里来……并言常熟瞿氏铁琴铜剑楼书成交，计购三百种，三千万元。赠四十二种。"

至于"浙江方面对他很有意见"云云，则未明具体所指。今《文集》第一卷开首的编年体《赵万里先生传》（赵芳瑛、赵深编，胡拙整理）中，唯1950年及1951年12月两处，颇记赵氏受文化部委托，在同乡友人宋云彬先生陪同下，多次往访浙江海宁著名藏书楼"西涧草堂""衍芬草堂"所属之蒋氏后裔及族人，谋洽将其世代所藏，捐献国家并最终成事，而其中宋元精品，又拨归北京图书馆。不知是否与此有关？但《顾廷龙年谱》"1951年12月21日"条下，亦据顾氏日记，谓"瞿凤起女来，述赵万里昨夜议书价不谐，竟拍案咆哮"，则确是当年赵氏在沪上谋购铁琴铜剑楼藏书时发生的事情。

《郑振铎致徐森玉函札》后，附有徐森玉先生1952年2月19日给儿子伯郊一信，其中提到"此间谢、刘均成贪污犯。赵斐云来信，渠被检举，甚严重"，可知此时赵氏已经遇到了比"怨声"更大的麻烦。差不多同时，郑振铎先生也有致徐森玉先生一信（原信仅署二月十六日，无年份。然信中有"回京已经二十多天，以全力投于'三反'运动，未及奉函""我们想不到谢某竟会也是一只大老虎！人其可尽信乎"诸语，而当年"三反""五反"运动的时间，主要在1951年底至1952年上半年；再据上海书店出版社2009年版郑重先生《谢稚柳系年录（增补本）》"1952年"条下记："上海《解放日报》于是年二月十九日发表了报道，题为《上海文教部门打出十只"大老虎"》……在这篇报道中的'十只老虎'，就有一只是'字画老虎'谢稚柳。"则郑振铎先生信中所提到

郑振铎先生(右一)与赵万里先生(左五)等合影

的"谢某",应该是指谢稚柳先生。故推此信亦当写于1952年初),在写完后未寄出之前(二月十八日),特地"又启":"又我局去岁曾向瞿氏铁琴铜剑楼购善本书两批,计共两亿元。请先生代向瞿氏兄弟一询:有没有人向他们要过钱?他们给过没有?有没有给过人什么'书'(包括赵斐云及文物处的几个人在内)?请他们据实答复(不可代为隐瞒)为荷。"再由郑氏信中说赵氏"近来精神至为不振,交代问题不少。闻曾函先生,语多悲戚"等,则其当时处境,可想而知。不过,郑氏还是坚持认为:"他毛病很多,但确是一个人才。群众对他也还不至于压力太大,在他已是接受不了。经过这次的运动,他过去的一切身上的污垢,当可完全洗清,成为一个'新人'了。"果然,到了七月二十一日的信(因信中提及上海图书馆将于二十二日开幕）中，"斐云问题已解决，只是记过。但他思想上仍不易搞通。昨晨谈了半天，我已切实的规劝了他一番。他的工作，最重要的是把善本书目续编编好。限他半年工夫做好这个工作，诸事不问，也不必再管买书的事。他已经答应了"。在当时的环境和形势下，能如此了结，恐怕已属不易；而郑氏爱惜人才，亦可见用心良苦。

其实，当年郑振铎先生自己为公家搜集包括书画图籍在内的各类文物，也可谓不遗余力。在致徐森玉先生的那些信中，不是挖掘人脉关系以助追踪征集，甚至详列"非要不可"的名品，便是安排如何具体操作以达目标，包括商讨谈判细节条件，正如他自己所说："我辈爱书如命，求书如渴。为人民得善本名画，即大费心力，亦将乐此不疲。"因此，对赵万里先生其人其事，无论是赞赏还是批评，他都有着一般人不太容易做到的爱惜和理解之情。而那种强调文物应归国家和人民所有、当入公库保存的观点，则不仅是他们的共识，也是一种很有时代烙印的历史存在。文物古玩界前辈马宝山先生，曾在其《书画碑帖见闻录》的《李衎〈四清图〉的风波》一文中，专记解放初因谣传由故宫散出的"东北货"元代名家李衎《四清图》卷在其手中，有关方面便让其"赶快交出"，弄得他"寝食不安，坐卧不宁"。直到友人告诉他"《四清图》已有下落，惠孝同听说你蒙冤，他就把《四清图》送到团城文物处去了"，这才"如

元李衎《四清图》卷（局部）

释重负",并敢去团城见郑振铎先生：

> 郑振铎命我把所有的"东北货"和早存珍贵书画，全部开列清单，送文物处审批，而《四清图》的事，竟一字未提。
>
> 在这段时间里，我唯一的想法就是结束业务，回老家去种地。所以赶快选了所存珍品二十多件，最名贵的是顾恺之画的《洛神图》（即现《国宝荟萃》刊印的那件），还有唐孙过庭书《景福殿赋》等等。这些珍品共写了二千七百余元，开了清单送去团城。徐邦达、张珩二位看后说："你写的这价对吗？"（意为定价太低）我连忙说："对！对！"

不久,"三反""五反"运动起,罚了我店二千八百多元。古人云"云烟过眼",这句话我深有感焉。

又北京琉璃厂书肆藻玉堂主人王子霖1953年日记(收入王书燕编《王子霖古籍版本学文集》,上海古籍出版社2006年10月)中有总结,谓"既经'三反''五反',学习共同纲领,学习时事见闻,已逐渐改变有三:1.善本不应私人所藏而不示人;又以穷困,精神不畅,不如归于国有,换些代价,解除穷窘,以畅慰精神……"

至于熟识的朋友之间,更是直截了当。黄裳先生就在怀念郑振铎先生的《拟书话——〈西行书简〉》(收入氏著《珠还记幸(修订本)》,生活·读书·新知三联书店2006年版)中,有这样的回忆:

又一次,我在来青阁买到一册宋本的《尚书图》,是南宋建阳刻本,白麻纸初印,有胡心耘跋,在古版画中算得是最早期的作品。西谛收古版画数十年,著有版画史图录,不能不给他看看,于是再访团城。西谛一见此书,高兴得几乎跳起来,急问在哪里买的,花了多少钱?不容分说,就做主留下,照原价由国家收购,马上送到正在举行的雕版印刷展览会上去了。

需要顺便一记的是:笔者昔日曾当面问过黄裳先生,20世纪

50年代他还将另一珍稀稿本《远山堂曲品》捐入北京图书馆，是否也是郑振铎先生的意思？回答为"不是"。而谢国桢先生在《怀念版本学家赵万里先生》（收入氏著《瓜蒂庵文集》，辽宁教育出版社1996年版）一文中也有这样的记述：

> 一九五八年我从南开调到北京科研机关从事研究工作，与君和向达（觉明）先生来往尤密。我是喜欢收藏书籍的人……偶然遇到两三种善本，如陈梦雷《松鹤山房诗集》，以及南宋袖珍刻本《宋名臣言行录》，斐云兄说："这些书非归北京图书馆不可。"我只得把它们献给公家了。

自然，也有"不买账"的事。郑重先生在《中国文博名家画传·徐森玉》一书中，记1962年赵万里先生来沪，到文管会拜访前辈徐森玉先生，谈起流落在外的宋龙舒本《王文公文集》残帙的收购事宜，赵氏提出："《王文公文集》要拿到北京去。徐森老，你一直是北京图书馆的保护神，这件东西一定要给北京图书馆。"没想到，"听了这话，徐森玉一下子从椅子上站起来：'你放屁，你只知道把什么都弄到北京去。做梦，绝对不行。'谢稚柳在旁边打圆场，说：'八字还没一撇，你们闹什么。森老，你坐下来。'徐森玉坐下来，赵万里跑到徐森玉身边，也坐下来，用手摸摸徐森玉的光头，说：'平平气，平平气，以后再谈。'徐森玉说：'没什么好谈的！'"对赵氏这种"把什么都弄到北京去"的做法，黄裳先生也很不以为然。

《来燕榭读书记》所收明万历本《利器解》一书的跋语中，就特别提到："赵斐云南来，闻石麒告以此书端末，大呼如此好书，何不归伊。倩石麒向余索观，余则靳而不与。非秘惜此书，实厌其为人耳。"但对其学识水平，则十分认可：

  十年前海宁赵万里来斋中观书，示以此册及李因《竹笑轩吟草》三集。斐云欢喜赞叹，出小册录行款序跋而去，而于他旧刻不如是之重也。斐云知书，更好诗余。湘蘋《青玉案》、《满江红》诸调，都能默诵。得此真赏，亦足快心。（清顺治本《拙政园诗余》跋）

  此书买得后，即付工重装，未遑考索，亦不知其名，但知为明初旧本而已。今日赵斐云来斋中观书，示以此册，欢喜赞叹，以为得未曾有，盖即洪武原刊之《太和正音谱》也。（明洪武本《太和正音谱》跋）

1980年5月，赵万里先生去世。三十年前曾因不满赵氏某些行事而"厌其为人"的黄裳先生，以"黄垆之痛"的悲情，在他那本劫后幸存的《太和正音谱》上，又写下了这样的文字：

  斐云久病，余念之不已。实以近时版本之学，无逾此君者，人才难得也。半月前余以事入京，晤谢刚主，告"文化大革命"中斐云所遇诸酷。先是为拘系于地下室甚久，阴湿不堪。逻者知其性最畏蛇，乃以置于卧具中，大惊怖，遂中风,以至不起。近国家订定全国善本书目,聘顾问三人,周叔弢丈外,斐云亦其一……斐云得讯大兴奋,终夜不能眠。翌日疾作,遂卒。余访北京图书馆日,适为斐云送葬之辰,因得一赴,并睹遗容,不可谓非有前缘也。此本余初不知为何书,斐云一见,即断之为《正音谱》,检视果然。此种眼力学养,今无之矣。

被劫文物追索之路的前辈足迹

　　1994年至1995年间，正在日本庆应大学做访问研究的笔者，从该校图书馆的开架书库中，第一次偶然看到了《中国甲午以后流入日本之文物目录》(以下简《文物目录》)的油印之本，即借回住处，时加翻阅。因为那年访学的主要目的之一，便是结合当时自己的工作需要和个人兴趣，实地调研日本公私各家所藏明人诗文别集的珍稀善本，并旁及书画、碑帖、印谱等。虽赴日之前已有比较充分的"功课"准备，但这样的《文物目录》，无疑还是值得注重的资料。原拟将其全部复印，携之归国，终因卷帙稍多、实在无法平衡其他许多要带回的书籍资料而无奈作罢。然近二十年来，此事却一直常在心头。如今得沪上中西书局影印新出，开卷重读，兴味依旧。遂摭拾平日所见相关种种，借以"温故知新"，并分享于世之同好，兼答主事者眼光独到、有功学术之贡献盛举。

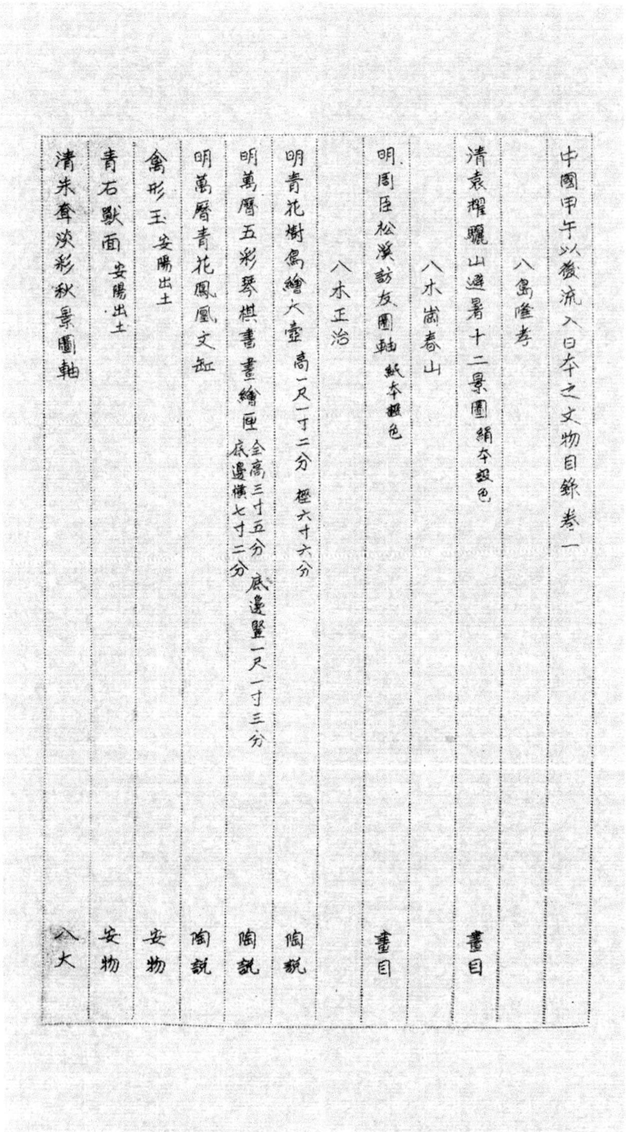

中國甲午以後流入日本之文物目錄 卷一

八島隆壽	
清袁耀驪山避暑十二景圖 絹本設色	畫目
八木嵩春山	
明周臣松溪訪友圖軸 紙本設色	畫目
八木正治	
明青花樹鳥繪大壺 高一尺一寸二分 經六十六分	陶說
明萬曆五彩琴棋書畫繪匣 全高三寸五分 底邊豎一尺一寸三分 底邊橫七寸二分	陶說
明萬曆青花鳳凰文缸	陶說
禽形玉 安陽出土	安物
青石獸面 安陽出土	安物
清朱耷淡彩秋景圖軸	八大

《中國甲午以後流入日本之文物目錄》油印本書影

此《文物目录》的编纂缘起及经过大略，无论是从当年受主编徐森玉先生重托而主成其事的顾廷龙先生的跋语，还是从被顾先生记作编录校订出力为多的谢辰生先生给影印本专写的"前言"之中，皆可知其梗概：1945年抗战胜利之际，当时的国民政府教育部特聘各方人士和专家学者，组建成立"战区文物保存委员会"，后更名为"清理战时文物损失委员会"（简称"清损会"），并划定京沪、平津、粤港、武汉、东北等各大区域，分设办事处，清查文物损失情况，追索被劫文物。为配合"清损会"请外交部向远东顾问委员会及盟军驻日总部提出《追偿我国文物意见书》中的主要要求，并作为中国政府向日方提出战争赔偿的交涉依据，急需编此《文物目录》。而"此事在渝时有所酝酿，资料缺乏，工作遂未开展"。于是，作为京沪区负责人之一的徐森玉先生，即坚请当时主持合众图书馆、精通版本文献之学的顾廷龙先生担此重任。在广搜可得资料的同时，"乃延聘吴静安、程天赋、谢辰生诸君，草拟体例，从事编纂，九阅月而蒇事"。而有关此事的全部始末，则沈津先生所撰《顾廷龙年谱》中，据谱主生前日记、书信等未刊资料，排比细述，似更具体，且多有"跋"及"前言"未及之细节，因择录其要，并以笔者按语，随附相关参证资料，以见更详：

（1945年11月18日）致顾颉刚信，谈颉刚存藏图书事，欲参加赴日调查遗失文物团事，云："……最近悉教部有

顾廷龙先生

赴日调查遗失文物之组织,该调查团团长为张道藩,团员徐森老、贺昌群、向达、伍蠡甫(光建子,任该团英文秘书)、张凤举(任日文秘书)……初,赴日调查团委由森老主持,龙颇欲随往,一开眼界。因敝馆进展财力所限,决不能仿英美;至日本规模,或有可采。钱锺书君为言于森老,森老极赞成。不意改张为首长,且人选由部派定者。惟森老与钱锺书云,此事全由杭立武主管之,渠尚欲为龙设法,已飞笺与杭接洽,尚无回音。公知其详情否?不知究有定额几人?公与杭至交,能一探否?"

笔者按:据当时国民政府 1945 年 10 月 26 日《教育部清

理战时文物损失委员会报送赴日调查团工作纲要呈》(中国第二历史档案馆编《中华民国史档案资料汇编》第五编第三辑"文化",江苏古籍出版社1991年版),该调查团"设团长一人,团员四至六人,由本会呈请教育部聘任;另设英、日文秘书各一人,职员四人至六人,由会派任",并附有"赴日调查团团员候圈名单:团长,张道藩。团员:(一)古董:徐鸿宝;(二)古籍:张政烺,向达,贺昌群;(三)字画:朱家济,伍蠡甫;(四)熟悉日本一般收藏情形者:陈乐素,常任侠,庄尚严"。

(1945年12月1日) 致顾颉刚信,谈《中国名人传》及颉刚存藏图书事、赴日调查遗失文物事:"……赴日调查文物损失事,森老言此次已定夺,以后尚有机会,容徐图之。龙一时之兴奋,遽动漫游之想,今亦淡然矣。"

(1945年12月9日) 徐森玉招茗点,座有吴眉孙、吴谨厂、郑振铎、王以中、陈澄中等。

笔者按:吴谨厂即吴静安。

(1946年元旦) 访徐森玉,交《海外吉金图目》。

(1946年1月9日) 徐森玉邀为清理战时文物损失委员会上海办事处帮忙,允之。

(1946年1月13日) 金祖同言徐森玉昨夜赴京,渠来专访,适左。据称京中加封之文物,急待处理云。

(1946年2月8日) 徐森玉、郑振铎来,拟就"教育部清点战时文物损失委员会"司笔札。

（1946年2月27日） 徐森玉来，嘱拟《清点战时文物损失委员会组织章程》。

（1946年3月6日） 午后，应徐森玉招茶点，即以《清点战时文物损失委员会办事处章程》呈上。

（1946年3月7日） 徐森玉来，嘱拟文件，以先生为"清点战时文物损失委员会办事处"（简称"清点会"）总干事。

（1946年3月8日） 赴"清点战时文物损失委员会办事处"，徐森玉示《亚洲文会损失目录》，清楚整齐。

（1946年3月11日） 叶景葵来……先生以协助徐森玉事告之。叶未发一言，盖不以为然也。王以中偕陈叔谅来，叔谅为"清点会"副主任。交文件十二件，又印刷品等。

（1946年3月14日） "清点会"嘱徐森玉编《日本所藏著名文物目录》，先生为拟复信及条例。

（1946年3月18日） 徐森玉来，商改"清点会"章程。

（1946年3月20日） 改"清点会"章程。

（1946年3月25日） 徐森玉偕李济之来。

笔者按：华东师范大学出版社2011年版《夏鼐日记》"1946年3月26日"记："傍晚，李济之先生来，昨日新由渝来沪，将赴日本，参加管制日本委员会，调查文物损失。"

（1946年4月1日） 徐森玉交来教育部聘书，为清点接收封存文物委员。

（1946年4月6日） 徐森玉来，约十日下午开"清点会"。

（1946年4月10日） 吴静厂招午餐……赴"清点接收封存文物委员会"第一次会议。

（1946年4月13日） 赴虹口上海区清点接收封存文物委员会，开始工作。略坐。

（1946年4月20日） 下午，徐森玉偕访陈叔谅，先生复至虹口。

（1946年4月24日） 赴"清点会"。

（1946年5月3日） 徐森玉来，嘱写信致刘攻芸，询水野洋行所存之古物。

（1946年5月10日） 至"清点会"，观《嘉业堂书目》。

（1946年5月17日） 徐森玉来，交"清点会"各件。拟《敌伪文物目录》。

（1946年5月26日） 赴"清点会"，遇郑振铎、李玄伯、徐森玉。

（1946年5月29日） 徐森玉来，言军统局所接收文物，均愿交"清点会"接收，即日须赴南京接洽。

（1946年6月10日） 为徐森玉致函杭立武。

（1946年6月23日） 徐森玉来，拟后日为"清点会"结束请客。

（1946年6月25日） 应徐森玉约，同赴"老正兴"午餐，座有顾毓琇、柳诒徵、郑振铎、顾颉若、俞塽、李玄伯。

（1947年2月8日） 阅《文物目》……徐森玉电话谓王世襄已到沪，嘱沈锡三往接。锡三因近感不适，由先生陪之同去。接到王世襄后，同至海关后始返。

（1947年2月9日） 徐森玉在"合众"候王世襄。

笔者按：据生活·读书·新知三联书店2000年版"王世襄自选集"之《锦灰堆》中《回忆抗战胜利后平津地区文物清理工作》一文所记，王氏此次抵沪，即从日本押运一百零七箱善本书回国。唯其回忆中"到码头接书的是郑振铎先生派来的谢辰生、孙家晋"。

（1947年3月4日） 为"清点会"写信，校《文物目》。
（1947年3月14日） 补《日人抗战期中发掘表》。
（1947年3月26日） 理《文物目》。
（1947年3月31日）《文物目》理付装订。
（1947年4月2日、3日） 校改《文物目》。
（1947年4月5日） 再校改《文物目》。
（1947年4月27日） 徐森玉、郑振铎来阅《文物目》。此目惟京中张道藩鹜其不以物品分类为不佳。徐森玉即作书告其此以备按人提物之资，是宜以人氏为单位。傅斯年、李济之皆赞叹，盖内行也。

徐森玉先生（右二）与柳诒徵先生（右一）等合影

　　此外，《顾廷龙年谱》中所引顾氏与顾颉刚 1945 年至 1946 年间的通信中，还多记顾颉刚追索其抗战中存于北平而被日伪掠走的个人藏书之情形，亦颇艰辛。其实，当年此类追索，皆非易事。如时主南京蟠龙里江苏省立国学图书馆事的著名学者柳诒徵先生，曾将其 1937 年至 1947 年中为抗战初转移馆藏善本、胜利后又为追索被劫图书及被占馆舍诸事的信札、公文等，汇为《钵山牍存》（江苏省立国学图书馆 1948 年 1 月刊印）。从那些当时与朱家骅、杭立武、马衡、蒋复璁、徐森玉等相关人员，以及与教育部清理战时文物损失委员会、江苏省政府、江苏省教育厅等各个机构之间连篇累牍的信函、报告、呈文，

《中国甲午以后流入日本之文物目录》油印本后顾廷龙跋文

乃至不断编制的馆藏善本损失清单、名贤手札目、善本书存阙清册等各类附件,即可见一斑。而柳诒徵先生信中所述的"清损会"及有关工作人员,也不轻松:

> 京沪两地组织清点文物委员会,事体繁重,为期孔久。各方面参加之人,大率自备资斧,为公家服务;仅少数人开支旅费,或略赠交通费,或得一餐果腹,而为章程条例所限者,皆只有恪奉命令,以原机关文物之关系,消耗精力日力,兼为其他机关努力清点,不避风雨,致生疾病,医疗之费,亦无所出。此就南京区清点经过,人所共知者也……上海区经费若何,未经公布,南京区经费闻仅限于法币五百万元。际此币值低落之时,所谓五百万者,才抵从前数千元耳。杯水车薪,诚属困难。(1946年5月17日《致朱(家骅)徐(森玉)朱(经农)杭(立武)蒋(复璁)诸公函》)

这样的情形之下,当年顾廷龙、谢辰生等能在九个月中编成如此规模的《文物目录》,其中的辛劳勤苦,似可想见。

顾先生跋语之末,有介绍徐森玉、程天赋(女)两位生平之语,而未及谢辰生、吴静安。因谢先生今早已为人熟知,此稍述吴氏:其名定,号静安(一作谨厂),又号寒匏。擅辞章,能书画,通版本,精鉴赏,富收藏。娶陈师曾女弟子、画家江南蘋(采)为妻。1947年去世。20世纪五六十年代,黄裳先生犹多得其旧藏善本之流散者,叹为精整。至顾先生跋中还提到"吴(静安)、程(天赋)二君因事先去",其中原委,恐已无从知晓。大概当时编目事急,人员"临时抓差",多非专职,"流动"也算正常。而当年与唐兰先生一起被任命为"清损会"平津区副代表的傅振伦先生,更在其日后的《蒲梢沧桑:九十忆往》(华东师范大学出版社1997年版)中,记下了这样的"有名无实":

> 抗战胜利后,教育部以沈兼士为平津教育特派员,下设清理战时文物损失委员会,自任总代表,我和唐兰为副代表。他先离重庆曾家岩石田小筑双寂寞斋,搭机飞北平。我在北碚交代了修志事务,轻装只身北上。因内战交通阻塞,一路或搭汽车,或坐骡车,或乘船,或步行。经过百日,最后由太原飞故都北平。时清理工作已由唐兰及王世襄结束,乃由北宁铁路出山海关,经过1500里(山海关去京700里,去沈阳800里,俗称"里七外八"),到沈阳中正大学接任高亨图书馆长之职,兼任历史(系)主任。

王世襄先生当年参加"清损会"的经过、情形及主要工作,有其自撰《回忆抗战胜利后平津地区文物清理工作》长文,记述颇详。而在其《"人之将死,其言也善",善者真也》(收入"王世襄选集"之《锦灰不成堆》,生活·读书·新知三联书店2007年版)一文中,又有简要的概括:

王世襄先生

    1945年日本投降后,国民党教育部成立清理战时文物损失委员会(以下简称"清损会"),副部长杭立武任主任委员,马衡、梁思成任副主任委员。我经马、梁二位推荐,任平津区助理代表,正代表由南京教育部驻京特派员沈兼士先生兼任。我于1945年10月末从重庆回到北京,立即投入调查清理工作。到1947年初,共收回以下七批文物:一、德人杨宁史青铜器,二、收购郭觯斋藏瓷,三、美军德士嘉定非法接受日人瓷器,四、朱启钤存素堂丝绣,五、溥仪存天津张园保险柜文物,六、海关移交德孚洋行物品,七、从日本东京运回上海善本书一百零七箱。

有关这一百零七箱善本书运回上海的具体经过,王先生在《回忆抗战胜利后平津地区文物清理工作》中有专章记述,大略为:1946年10月,在其参加的一次"清损会"工作会议上,"讨论去日本开展清理文物工作的步骤与方法",其中的一项工作是:"南京中央图书馆在抗战时期曾将一批善本书运到香港,在那里编目造册,加盖馆章,然后送去美国,寄存国会图书馆。1941年年底,日寇侵占香港,将这批善本书全部劫往日本。日寇投降后,他无法抵赖劫夺这批书的罪责,经中国驻日代表团清点接收,原箱封好。除十箱存在代表团的库房外,余一百零七箱责成日本文部省负责保管,暂存东京上野公园内。需要运回时,代表团可随时通知文部省,提取起运。"此次会议还决定派王先生以"清损会"专员的名义,赴日清理文物,"在中国驻日代表第四组(文化教育组)工作,受代表团的领导"。王氏遂于1946年12月飞往东京。然到1947年2月,即返回国内。主要原因是在日本仅仅两个月的所见所遇,就觉得"到日本来清理追偿文物工作至此已感到处处碰壁,寸步难行。呆在此处,空耗时日,不由地想起故宫的工作来"。后几经交涉,终由驻日代表团团长朱世明同意,让其押运善本书随船回国。由此可知,王世襄先生只是负责将这批已经追回的善本,押运回国,而今影印本《文物目录》前"出版说明"及媒体报道中所称是王氏从日本"追回"之说,似不尽确切。当年任职南京中央图书馆的屈万里先生,1946年3月20日有致郑振铎先生一函(收入《屈万里书信集·纪念集》，齐鲁书社2002年版），信中所陈，亦可旁证：

> 本馆前邮寄香港之图书，已在日本发现。兹因朱世民先生东渡，拟请其携带香港装箱目录，就便查勘，以备收回。查该项目录尚有三十余箱未能钞毕，兹谨托杨全经先生赴沪，继续赶钞，因朱先生行期已迫也。

倒是从王世襄先生文章的自述中，能知其当年也曾受命编制过类似《文物目录》的资料："1946年春清损会秘书郭志嵩函告，为了今后向日本交涉赔偿文物，要我在北京编一本在日本的中国重要文物目录，注明名称、尺寸、藏处、藏者、材料来源等等。我只得从《现在日本支那名画目录》及《泉屋清赏》《爽籁馆藏画》等书中去辑录。圈出应抄录的文物，由临时工作人员刘荫荣去抄写。"（《回忆抗战胜利后平津地区文物清理工作》）

至于这批善本书的发现，王世襄先生文后"附录二"节引许廷长《民国时期的中央图书馆》（原刊《中国典籍与文化》1995年第3期）一文中谓："1946年，经过中国驻日军事代表团查访，这批书终于被顾毓琇在东京市郊的帝国图书馆地下室及伊势原乡下发现。经与美国占领军协商后，全部运回南京，并查明没有损失。"而本文前引《中华民国史档案资料汇编》第五编第三辑"文化"中，有1946年3月28日《外交部办理追还在香港被日劫取中央图书馆善本书籍经过致教育部代电（欧35四四九八号）》，也记此事：

教育部公鉴：前准贵部卅五年元月卅一日渝社第六六一九号公函，嘱向有关方面追查在香港被日人劫取我中央图书馆善本书籍事，当经分电本部驻香港特派员办事处及驻日盟军最高统帅部联络参谋办事处专员刘增华追查。去后，兹据刘增华电复，称"日人竹藤峰治等劫取香港冯平山图书馆善本书事，经详加密查，本日在上野公园帝国图书馆查得该馆所保管者约二万五千册，因空袭疏散在伊势原者约一万册。业经该管司书官冈田温立有承认字据，惟所装木箱均被启封。至详细书目，周内送来，俟点收后约一月内可设法运出"等由，特电请查照为荷。外交部。

更值得注意的是，当年战火中为保护内地运港以及在港公家善本、抗战胜利后又协助"清损会"为追索国宝尽心尽力的香港冯平山图书馆馆长陈君葆先生，在其日记（《陈君葆日记全集》，香港商务印书馆2004年版）中，记下了他的亲历：

（1946年1月24日）约二时许，与端纳上尉及三个军官到赤柱去。先提审乐满与江村二人。他们关于图书事均闪烁其词，乐满说他去年一月才到港，故以前事不知；并将事推在神田与岛田二人身上。江村则说曾听其部长谓书仍留在香港未运走。此二人均不得要领。后提竹藤峰治来，他认识了我了。

右图：陈君葆先生
下图：陈君葆先生日记原稿

他又写道：「同时,除了我自己的书外,我又在上野帝国图书馆藏有自香港运来的中国政府的书籍。我立报告东京的中国大使馆,把陈君在信内对这事的记述告诉了他们,因此我希望中国政府不久将会得回那些部图书。但请为陈君代写信到李约英国或中国大使馆员中声明,把详细内笔举出,注明什麽书曾从港大撤出,则当较能全部取回若乾。请为我多谢陈君,并告诉他那些书是先寄到东京的参谋本部,再从那里转到文部省(Mombushio),复或由文部省转藏至上野大开帝国图书馆,其时约为一九四四年夏季。文部省的Sekiguchi 及 Tanaka 教授均知此事及书之所在。陈君面请我写去东京目见此九批图书,所愿作伴。」

（1946年1月25日）约十点余到海军参谋情报处，约齐了端纳上尉，同到高等法院鞫问竹藤。他承认日人占领香港后曾到港大图书馆多次，但坚不肯认是引领日军官来搬运图书的。他说忘记了冯平山图书馆楼上的一百一十一箱书，他抵赖知情运走图书与把我扣留的事实，并且引为诧异。这老头真可恶，我有些几乎想把他鞭一两下。

（1946年2月16日）写了信：（1）复杭立武，提议继续进行追查一百一十一箱书办法。

笔者按：广东人民出版社2008年版谢荣滚主编的《陈君葆书信集》影印本中，收时任"清损会"主任委员杭立武致陈氏函，有"关于追查一百一十一箱书籍事,盼费神即为进行"之语。该函无年份，但署"三，廿一"。又此书乙篇"护书之光"收录当年杭立武、蒋复璁、简又文及"清损会"致陈氏及陈氏部分回复等信件共十八件，亦可窥陈氏护书、追书情形之一斑。

（1946年6月16日）博萨尔给马提太太的信，说在东京上野公园发现了一百一拾一箱书籍，叙述很详细。他说他发现"整部他自己的书,立刻把它抢回,移到英大使馆去,全部约千册左右,均拿回,然后离日返美"。他又写道："同时，除了我自己的书外，我又在上野公园的帝国图书馆发现自香港移来的中国政府的书籍。我立（即）报告东京的中国大使馆,把陈君葆信内对这事的纪述告诉了他们。因此,我希望中国政府不久将会得回那整部图书。但最好陈君也写信到东京的英国或中国大使馆交涉取回,把详细内容举出,说明什么书曾从港大搬出,则当然能全部取回无疑。请为我多谢陈君,并告诉他那些书是先寄到东京的参谋本部,再从那里移到文部省(Mombushio),更或由文部省转移到上野公园帝国图书馆,其时约为一九四四年夏季。文部省的Sekiguchi与Tanaka教授均知其事及书之所在。陈君可说我曾在东京目见此各批图书,能够作证……"博是正月十号随远东委员会到日本,二月一号再返美。发现书籍约在一月中至廿日的期间。

顾廷龙先生跋语中还特别提到一个人:"全书将成,贺君昌群来沪,书名凡例,共事商定。贺君实在重庆时参与其事者。"贺氏为历史学家,时以中央大学教授身份,受聘为"清损会"委员。今三卷本《贺昌群文集》(商务印书馆2003年版)第三卷中,收录其刊于1947年9月3日《大公报》上的专文《抗战中我国文物之损失与近代流落日本之文物》。文前有当时故宫博物院院长兼"清损会"副主任委员马衡先生识语:

> 天津《大公报》于胜利周年纪念日增发特刊,属衡撰文,略述抗战期中我国文物概况。虽已应命,而未遑执笔。适教育部清理战区文物损失委员会委员、中央大学教授贺昌

贺昌群先生

群先生来平调查,所搜集之各方资料,尤为丰富,因请其草成此篇,转寄《大公报》登载。非敢偷懒,实举贤自代也。马衡附识。

贺氏此文,以史为据,纵论中国近代以来至抗战百余年中,文物屡遭帝国主义列强掠夺及战乱损毁之灾,而"自甲午之战以来,吾国所受日本帝国主义之侵略,无微不至,其于吾国文物之巧取豪夺,盖其一端耳"。并以铁的事实,着重历数日寇在1932年"一·二八"之役中炸毁上海商务印书馆东方图书馆,1937年至1945年间,劫掠沦陷区大批公私所藏文物图书等明火执仗之罪恶；以及自晚清以来"挟其帝国主义之经济力，于我国江河南北古文书器物，大事收罗"，巧取豪夺，如清末著名"四大藏书楼"之一的陆氏皕宋楼、民初北京"莫理循文库"所藏的相继东渡，乃至以山中商会为代表的日本古董商人明买暗盗之行径，并通过事实分析，强调："抗战中吾国私家或个人文物损失之总和，实远较公家为巨……然据教育部清理战区文物损失委员会一年来之努力，所得各地私家或个人文物之损失报告，实寥寥无几，其法律上之正确性尚不计焉。吾国将来于和会席上若根据此少数而简单之报告，提出赔偿损失之要求时，则连城之价，可顿变而为数亩买山之钱，能不令人凄然而悲、哑然而笑乎？故从法律上之根据言，吾国将来提出赔偿损失时，将告失败，换言之，即其赔偿数字与吾国文物损失之确实数字，其差数必相去极远，似可断言。虽然，失败殆无疑乎？吾人于道义上将以正义之眼直视之……吾人既不能是确实之数字，自难获得相当于此确实数字之赔偿。然则，此项赔偿便可视为虚文乎？或获除少数赔偿而不啻敷衍之乎？此吾人所断难忍受者。"

贺氏此说，大概是有感而发。因为据1947年4月《清理战时文物损失委员会结束报告》（收入前揭《中华民国史档案资料汇编》第五编第三辑"文化"）第二条"清理文物损失"之第三点"估计文物损失价值"称："本会原以文物损失不能纯以金钱估值，惟行政院赔偿委员会因其他方面损失均列有价格一项，为求统一，以便赔偿起见，亦请本会估价列入。爰延聘各项文物专家及上海业书肆古玩者，按战前价格逐项论价，严格评定，列为统计，估计损失总价为九百八十八万五千五百四十六元。然对'北京人'等少数特殊之文物，仍未计价。"其依据则为同书所收《中国战时文物损失数量及估价目录凡例暨总目表》：

我国战时文物损失数量及估价目录凡例

一、本目所列损失材料均系根据本会各区省办事处实地调查所得，以及公私机关、个人申请登记，经本会严格审查之文物损失，其他不属文物范围，以及虽系文物而乏证件者，均经审阅后退回原处，或转送教育部统计处，及行政院赔偿委员会核办。

二、本目所列损失估价，系由本会延聘文物专家及业书肆及古玩者共同议定，均照失主原报价格削减甚多，并遵行政院指示，各项损失估价，悉依战前标准。

三、本会因文物品名及价值均不相同，若一一叙列，则过繁琐，故本目仅列文物类别及损失估价而以地域分系之，俾便查考与统计。

四、本目根据本会《办理文物损失登记办法》第四条，专案呈报政府，请转令日本赔偿。

中国战时文物损失数量及估价总目

书籍

公：二二五三二五二册，另五三六〇种，四一一箱，四四五三八部；叁佰捌拾万肆仟零壹拾肆元。

私：四八八八五六册，另一八三二五种，一六八箱，一二一五部；壹佰贰拾万肆仟柒佰陆拾陆元。

字画

公：一五五四幅，壹拾八万伍仟肆佰玖拾元。

私：一三六一二幅，另一六箱；伍拾伍万伍仟零叁拾伍元。

碑帖

公：四五五件，叁万柒仟壹佰叁拾伍元。

私：八九二二件，壹拾柒万零柒佰陆拾肆元。

古物

公：一七八一八件，壹佰零叁万伍仟捌佰捌拾捌元。

私：八五六七件，另二箱；叁拾壹万捌仟贰佰肆拾陆元。

古迹

公：七〇五处，壹佰陆拾贰万零陆佰元。

私：三六处，陆万伍仟元。

仪器

公：五〇一二件，另六三箱；陆拾贰万陆仟陆佰伍拾捌元。

私：一一〇件，另三箱；肆万零贰拾伍元。

标本

  公：一四五八二件，另一二〇四箱；柒万柒仟三佰陆拾玖元。

  私：一七九〇四件，壹万伍仟元。

地图

  公：一二五件，肆佰捌拾元。

  私：五六〇〇三件，壹万叁仟玖佰贰拾陆元。

艺术品

  公：（无记录）

  私：二五〇六件，叁万伍仟肆佰贰拾玖元。

杂件

  公：六四八三六八件，陆万伍仟肆佰贰拾玖元。

  私：三箱，壹万元。

合计：三六〇七〇七四件，另七四一处，一八七〇箱；玖佰捌拾捌万伍仟伍佰肆拾陆元。

虽然此报告第三部分"待办工作与未结案件"中各条所陈，尚有不少由于种种原因、困难，一时无法统计或实施者，但"九百八十八万五千五百四十六元"这个数字，若比照本文前引柳诒徵先生1946年5月17日《致朱、徐、朱、杭、蒋诸公函》中所称光"清损会"南京区经费，就有五百万元，且"际此币值低落之时，所谓五百万者，才抵从前数千元耳"，则贺氏中心之悲凉，不难理解。贺氏最后指出：

本文结论，以为甲午以前我国流传于日本之古文书器物，开日本千余年之文明，可无论矣。甲午以后，迄于此次抗战，古文书器物为日本所巧取豪夺、流落而东者，我国当依赔偿之条例，尽行收回，以抵偿我抗战中文物之损失。此事理直气壮，当不甚难。问题在我国国际地位，今日是否为一名副其实之战胜国？是否国无内乱？国势能蒸蒸日上，则外交席上然后能振振有词。若内乱方酣，国家前途一团漆黑，哀鸿满地，民不聊生，即使日本愿拱手奉还，吾人能得一片干净土安置此等古文书器物于安全之地乎？兴念及此，不禁黯然。

此真一语中的、足警世人之论！君不见，杨仁恺先生《国宝沉浮录》一书中记当年清废帝溥仪将大批故宫所藏国宝文物，盗携出宫，认贼作父、投靠日寇。至抗战胜利之际，在东北竟遭哄抢，星散四处。而当时军政大员、达官贵人，以及名流藏家、商贾洋人等，多围绕被称为"东北货"的这批国宝文物，"群雄逐鹿"，竞相"猎奇攫取"之乱象，即为最好的例证之一。

国泰民安，文物之幸；世界和平，文物幸甚！

杜伯秋其人其事

——兼说张弁群

作为对20世纪西方文物市场、鉴赏风尚乃至博物馆收藏等都有过重大影响的古董商人卢芹斋（C.T.Loo），好像已经越来越引起有关研究者的兴趣和关注，并且不断有相关的资料、论著、传记等，被陆续发掘整理、撰述问世，从而让人们对这位20世纪初从浙江湖州乡村走向西方世界的传奇人物的身世经历及其是非功过，有了日趋清晰的了解和更加深入的探讨。其实，在卢氏神秘而独特的淘金生涯中，曾经是其女婿的法国人杜伯秋（一作杜柏秋），似亦值得一说。

据法国学者罗拉女士近著《卢芹斋传》中文译本（香港新世纪出版公司2013年版），杜伯秋全名让-皮埃尔·杜伯秋（Jean-Pierre Dubosc），故亦有称其为杜让或杜博思、杜伯思者。1904年生。三十四岁时，娶卢氏幼女、年方十七的珍妮为妻。因其为法国驻华使馆属员，遂携妻同赴中国，一住八年，至1946年才回巴黎。不久两人分手，珍妮再嫁著名诗人诺埃勒·马提优（笔名皮埃尔·伊曼纽尔），杜伯秋则去了瑞士，另娶意大利籍妻子弗兰卡，并于1971年定居东京，供职于一家日本公司，1988年辞世。

由于对中国古代书画向有兴趣，杜伯秋在华期间，与吴湖帆、张葱玉等名家，多有过往，吴氏《丑簃日记》中记：

> 蒋谷孙偕法国杜博思（谦）来，是前日约观余藏画也（法国大使馆华文秘书）。华语甚流利，对古画颇有根柢，与其他徒藉皮貌之外国商人完全不同，究竟是学者（伯希和弟子），非商人可比也。最爱王麓台画，此亦恐外国人中所仅见者，盖麓台画就国内画家尚不识其妙者居大半，况国外人乎？其根柢见解可想见矣。张葱玉亦来，少坐即去。余与谷孙合请杜君于都城饭店，夜饭菜价之贵，骇人听闻（三人共廿六元），都市生活之奢，真有未料也。（1937.3.13）
> 午后杜博思偕葱玉来。杜博思约吃夜饭，在国际饭店。客只谷孙、葱玉及余三人而已。（1938.3.6）

而在上海书画出版社2011年7月刊行的张葱玉1938年至1941年日记中，亦可见相关之记：

> 杜博思自法国来，偕谷孙过访，畅谈至晚，并出箧中

小品示之。（1938.3.5）

  偕杜博思访湖帆吴君，出示南田袖卷二，石谷设色小册一，均佳。壁上王蒙山水一轴，有宇文公谅、杨慎等题，不真。（1938.3.7）

显然，初接之下，感觉都很不错，话亦投机，故吴氏有称赞之语，张氏也能与之"畅谈至晚"。蒋谷孙与张葱玉为同乡，系吴兴著名藏家密韵楼蒋氏后人，亦精书画金石鉴赏。杜与吴、张往还，均有其相偕，则彼此应当已先熟识。再从张葱玉1941年2月19日所记"下午，杜博思夫妇暨孔达博士、王选青、孙邦瑞二兄来观画，因宴之于杏花楼"，更知彼时杜伯秋与王季迁（选青）、孙邦瑞等书画鉴藏名家，以及来华研修中国古代书画并和王季迁合编《明清画家印鉴》的德国女学者孔达，都已相识且有交往。至其后来离沪北上之际，张葱玉还专门"为杜君作介绍书二，致韩慎先、徐石雪"。韩、徐皆为当年有声北方藏界艺坛的重要人物，有张氏专门推介，则杜伯秋日后悠游其间，也许更如鱼得水。别后不久的1941年3月17日，张氏又记："杜博思自北平以文衡山为张伯起作《古柏图》卷印本见赠。"此卷当为杜伯秋彼时所获，并一直珍藏。直至其身后的1992年，才出现在纽约佳士得古画拍卖图录的封面上，最终以二十四万二千美元拍出。

  1941年，法国政府以中法庚子赔款之余额，在北平设立中法汉学研究所，由法国驻华使馆专聘汉学家铎尔孟出任

杜伯秋收藏印（王福庵篆刻）

所长，杜伯秋则以使馆秘书名义，主管行政事务。次年，该所举办"民间新年神像图画展览会"，杜伯秋不仅积极主事，编印法汉对照的资料专集《民间新年神像图画》，还以其平日所收中国历代年画，出品参展。当然，杜伯秋在华多年，又有爱好，其用心搜罗珍藏者，恐怕绝对不止民间年画一项。友人周建国先生曾偕高申杰君，精选其太老师王福庵先生生前自留印蜕未刊稿本中诸作，编为《福庵印缀》（香港中国艺术家出版社2010年版），其中"海西杜让柏秋氏客华所得法书名画"（白文）、"柏秋氏铭心绝品"（元朱文）二印，即是一证。而其身后，又有纽约佳士得拍卖公司于1993年推出的"杜伯秋藏中国明清书画"专场，则更可见其藏品规模之一斑。

至于杜伯秋是否曾为卢芹斋的中国古代书画买卖"掌眼"出力，或参与其事，杨仁恺先生专述清宫旧藏书画散佚始末的《国宝沉浮录》中，推测20世纪40年代中抗日战争胜利、伪满洲国灭亡之际，卢芹斋在猎购、倒卖俗称"东北货"

的故宫流散书画文物时，杜伯秋作为卢家女婿，很可能多有经手。而罗拉女士的《卢芹斋传》中虽未及此事，但记了这样一笔："'我们破产了。'1948年，卢芹斋在豪花一百万法郎、买到的却是一批古画赝品之后，对他太太说了这样一句话。卢芹斋一向行事谨慎，这次却像不服输的赌徒一样孤注一掷，结果在自己并不擅长的领域犯了一个不容原谅的愚蠢错误。谭敬是中国有名的书画藏家，以至于卢芹斋交易时（不）虞有诈，竟然没有向他的书画顾问管复初和黄寿芝咨询一下，就急于成交。那时，让-皮埃尔·杜伯秋也已经不再是他的女婿，否则，卢芹斋'打眼'的时候，哪怕身边多一个人提醒也好。"其实，像所有的鉴藏家一样，杜伯秋也绝非从不"走眼"之辈，张葱玉先生1941年2月21日日记中，即载："访杜博思，以沈白石《三秋图》售之，得三千元，实伪品也。"杨仁恺先生也曾记杜伯秋当年购去的那卷宋徽宗《雪江归棹图》，实为摹本，而真迹则为张伯驹先生所获。

杜伯秋真正以一名职业画商的身份活动谋生，大概是在1946年离开使馆外事部门、回到巴黎之后的20世纪40年代晚期左右。1949年，他与先前在华结识之友，曾任美国著名的堪萨斯城纳尔逊美术馆东方部主任、后来又任馆长的史克门（Laurence Sickman）一起，成功策展了在纽约威尔顿斯坦画廊（Wildenstein Galleries）举办的"明清大画家"专题展览，并继此在次年发表题为 *A New Approach to Chinese Painting*

(《认识中国绘画的新途径》)的专论,不仅充分体现出其敏锐独到的鉴赏眼光和自具心得的学术水准,更堪称西方有关中国画研究历史进程中影响深远的重要成果之一。因此,20世纪80年代末至90年代初洪再辛先生选编《海外中国画研究文选(1950—1987)》(上海人民美术出版社1992年版)时,虽然只有仅仅十几篇文章的篇幅,但还是将其和罗樾、方闻、高居翰、李雪曼、班宗华、苏立文、贡布里希、雷德侯、铃木敬等大家的论作,一并编入。而美国著名中国绘画史研究专家高居翰(James Cahill)教授应编者之请,于1989年专门为此文汉译撰写的按语中,更就其当年发表的历史意义和学术价值,做了精到的评述:

> 这是西方研究中国画的一个转折点。要理解这个转折,我们就必须知道在当时所盛行的观点。这只要想一下20、30年代的历史情形,道理就会很明白。当时日本人的学术眼光要比中国人的见解更容易为西方学者所接受,影响也更大。德国、法国、英国和美国初期的中国绘画研究都十分依赖于日本人的著作。在日本人看来,中国绘画只有宋元甚至更早的时代才真正值得引起学术上的重视,后来几个世纪是急剧衰落的时期。竭力鼓吹这一观点的是纽约大都会博物馆远东艺术部主任普列斯特(Alan Priest),他认为宋画——即便不是宋代的真迹——是世界艺术中最珍贵的财富;他很固执地论辩道,即使是作伪的宋画也比明清

的真迹更美。在1947年，即杜伯秋此文发表的前三年，普列斯特将其理论付诸实践，劝说大都会博物馆收买了一批数量可观、价值昂贵但大可怀疑的"早期"中国画藏品，即巴尔（Bahr）的收藏。为购买这一藏品所花的巨款（就当时而言），如果用来购买后期中国画真迹的话，可以为大都会博物馆添置一大批藏品；然而博物馆却不得不背一个花费极高的包袱，许多年来承受着这个几乎不能展览的伪作收藏品的负担。

杜伯秋是许多反对这项购买的人之一，并反对这项购买背后的各种观点。我们应感谢杜伯秋和席克门，因为他们为我们这些当时正进入中国绘画史领域的人开辟了一个"新途径"（如他文章的标题所示）。我们从宋以后绘画不值一提的老观点中解放出来，为我们的博物馆建立了大量明清绘画的收藏，并致力于理解后期中国绘画的特殊价值，还在我们的著作中向更广泛的读者表达这些观点。虽然这场战斗早已赢得了胜利，但回顾那次决定性的战役，称颂杜柏秋和席克门的业绩，依然是很值得的。

杜伯秋之外，另有卢芹斋早年在主人张（静江）氏巴黎"通运"公司当伙计时，主事沪上"通运"的张氏长兄张弁群之碑帖鉴藏，也因资料较少，知者不多，今附此一并略说，以存鳞爪。

张弁群少时即因目疾而弃科举，后出国求医，遂受欧美教育新思潮影响，回家乡南浔兴办正蒙学社、浔溪女校等。工书法，精鉴赏，所藏金石碑版，率多善本。其中最著名者，即今为上海图书公司镇库之宝的汉《嵩山太室石阙铭》宋拓剪裱本。王壮弘先生《崇善楼笔记》称其"乃沈树镛藏郑谷口旧藏本，纸墨黝古，的系宋拓……前后有郑簠（谷口）、吴让之（熙载）、沈树镛（均初）、俞曲园（樾）、吴昌硕、褚德彝等人题记；吴昌硕、沈均初、杨见山、邓传密题签。吴大澂作《嵩岳访碑》及《中岳庙》二图，王震作《得碑图》，郑斋作碑文释图。碑文内钤有徐紫珊、万中立、王任堂、沈树镛、费屺怀、陈寄磻、胡鼻山、庞芝阁、刘世珩等大小印章廿余戳。装帧精美雅洁，每一开卷，墨香四溢，神采照人，真佳拓也"。其他如胡鼻山旧藏北魏《张猛龙碑》明拓较早本，曾为民国间上海文明书局影印底本的黄小松旧藏明末清初淡墨精拓本隋《龙藏寺碑》（李东琪本），唐褚遂良书《伊阙佛龛碑》明末拓本，以及现为上海图书馆藏国家一级文物的宋拓《黄庭经》（李宗瀚本）等，无不属珍稀难得之名品。且上述各种，均有民国间金石碑版鉴赏名家褚松窗（德彝）专为张氏题署之签，再结合前述汉《嵩山太室石阙铭》宋拓本后王一亭（震）《得碑图》上吴昌硕所题绝句两首后，有跋语谓："己未夏季，査客示《得碑图》，盖近得宋拓《太室石阙铭》，草率应教。褚回池指松窗孝廉，深于金石者也。吴昌硕时年七十有六。"褚氏题诗后也附跋语："槎客得汉《太室石阙铭》宋拓本，沈均初旧藏秘笈也。一亭为作《得碑图》，缶庐老人复作诗张之。

张弁群跋自藏北魏《高贞碑》初拓本

余亦拟二绝,盖以附名末简为幸耳。己未七月褚德彝记。"则张氏当年与诸贤的金石赏鉴之乐,得稍想见。而叶昌炽《奇觚庼诗集》卷下,有丁巳(1917)年所作《题张弁群宋拓四宝》四首,分别为张氏题其所藏《十七帖》《黄庭经》《禊帖》及《小字麻姑仙坛记》。由诗前小序中所述:"弁群富于藏弄,此宋拓四本尤为铭心绝品。去冬至求恕斋携示属题,留笥中半载矣。文园消渴,今年闻其病浸笃,归浔溪,病中不忘结习,犹惓惓问讯,欲一见题字以瞑目。"又知张氏于碑帖鉴藏,几可谓毕生之好。至上海图书公司所藏北魏《高贞碑》初拓本后的张氏跋文,则是其存世恐已不多的自藏碑帖题跋手迹,亦可珍重。